Kathrin Rüegg / Werner O. Feißt

Gemüse nach Großmutterart

Rezepte und Geschichten

Was die Großmutter noch wußte, Band 6

Mit 66 Abbildungen von Michael Bauer

Müller Rüschlikon Verlags AG, CH-Cham / Zug

ISBN 3-275-01104-9

1. Auflage 1994
Copyright © by Müller Rüschlikon Verlags AG,
Gewerbestraße 10, CH-6330 Cham

Satz: F. X. Stückle, D-77955 Ettenheim
Druck: studiodruck, D-72622 NT-Raidwangen
Bindung: Dieringer, D-70839 Gerlingen
Printed in Germany

Alle Rezepte sind für vier Personen berechnet.

Grundregeln für das Waschen und Putzen von Gemüse:
Erdige Teile (Wurzelansatz, Würzelchen) und Blattansatz wegschneiden. Kurz in kaltem Wasser waschen, evtl. anhaftende Erde oder Sand abreiben. Schälen, eventuell nochmals kurz abspülen, eventuell klein schneiden, *sofort* weiterverarbeiten.
Falls Gemüse mit Beilage (Teigwaren, Reis, Polenta, Knödel, Spätzle, Couscous – und die wichtigste Beilage in unseren Breitengraden, Kartoffeln, denen ein eigenes Buch gewidmet wird) und Fleisch serviert wird, rechnet man im Schnitt mit 250 g Gemüse pro Person.

5

Inhaltsverzeichnis

(Die ohne Namen aufgeführten Kapitel sind von Kathrin Rüegg)

Weitere Gemüserezepte finden Sie in folgenden Büchern:

Kathrin Rüegg / Werner O. Feißt

Vom Apfel bis zur Zwiebel

Was die Großmutter noch wußte, Band 3

Brüsseler Chicorée
Kartoffeln
Tomaten
Zwiebeln

Kathrin Rüegg / Werner O. Feißt

Essen wie damals

Was die Großmutter noch wußte, Band 4

Blattgemüse wie Spinat, Mangold
Wurzelgemüse wie Karotten (gelbe Rüben),
Randen (Rote Bete)

Kathrin Rüeggs Kartoffelküche

Rezeptbuch-Reihe, Band 5

Kartoffeln

Vorwort

Was gibt es doch Schöneres, als sich in einem Garten umzusehen, in dem das erntereife Gemüse steht – oder über einen Gemüsemarkt zu schlendern? Die Nase schnuppert tausend Gerüche, die Augen schwelgen in einer Symphonie von Farben und Formen. Dem ärgsten Griesgram muß es da doch warm ums Herz werden!

Gemüse ist für mich nicht nur «Ware» – auch wenn ich es bezahle: es ist ein Geschenk der Natur. Nun höre ich zwar jene unverbesserlichen Miesmacher, die jetzt einwenden: «Und die Spritzmittel? Und die künstlichen Dünger? Und die Gentechnologie ...?» Miesmacherei ist heute so «in», daß ich es mir längst angewöhnt habe, sie zwar zur Kenntnis zu nehmen, aber mir meine Freude deswegen nicht vergällen zu lassen. Natürlich schäle ich Gurken, die nicht aus meinem eigenen Garten kommen. Natürlich weiß ich, daß Tomaten, die ich im tiefsten Winter so schön frisch aussehend kaufen könnte, weder mit Erde noch mit Sonne je in Kontakt gekommen sind. Solches Gemüse kaufe ich einfach nicht – ich habe genügend eigenes im Sommer eingemacht. Und jetzt merke ich, daß ich auf meine eigene Weise eben auch zu den Miesmachern gehöre.

Dann gibt es die nächsten Gemüse-Wonnen: in der Küche stehen und mir überlegen, was ich daraus koche. Zwar schmeckt mir Gemüse möglichst naturbelassen am allerbesten. Ein bißchen Butter, die deren Eigengeschmack noch verstärkt, Salz, je nachdem ein wenig Brühe, knapp weich dämpfen – und schmatz! Aber da sind auch jene Uralt-Rezepte mit ein paar Speck- oder gerösteten Brotwürfelchen, mit Käse, mit einer bestimmten Sauce. Kochen ist für mich nicht «müssen», sondern «dürfen». Wenn ich also Zeit habe, dann macht es mir eben Spaß, zum Beispiel eine recht arbeitsaufwendige Suppe wie die Crème Dubarry zu kochen. Es bleibt mir dabei immer noch genügend Muße, um all jene zu bedauern, für die «Suppe kochen» gleichbedeutend ist mit «Wasser aufsetzen, Tüte öffnen, deren Inhalt ins Wasser streuen, drei Minuten kochen lassen, fertig»! Ich weiß, daß in meinem Gericht weder Eipulver noch Magermilchpulver noch Antiklumpmittel noch Emulgatoren, Stabilisatoren, künstliche Naturaromastoffe noch Konservierungsmittel drin sind ...

Da ist – besonders beim Gemüse-Kochen – auch noch das „Auge-ißt-mit-Prinzip" zu erwähnen. Nirgends ist diese Kochregel leichter zu befolgen. Die ganze Gelb-Grün-Rot-Weiß-Braun-Violett-Palette steht mir zur Verfügung. Je nachdem, zu welchem Rezept ich mich entschließe, kommen auch noch Kinder-Erinnerungen dazu. Zum Beispiel, wenn ich Spinat mit Tomatensauce und verlorene Eier auf den Speiseplan setze. Das war während vieler Jahre mein Geburtstagswunsch-Mittagessen. Vielleicht aß ich schon als Kind gerne Spinat, weil mir der bunte Teller so gut gefiel. Immer wieder fällt mir beim Lesen alter Kochbücher auf, wieviel Wert auf dieses «Dekorativkochen» gelegt wurde. Und dann fällt mir noch auf, wieviele Rezepte – besonders solche zum Kochen von

Gemüse — sich genau gleich geblieben sind. Natürlich: In Kochbüchern bis um 1950 herum finden sich oft keine genauen Mengenangaben. Die Beschreibungen der Vorbereitungen und des Kochvorgangs sind ungenau oder fehlen ganz. Es waren Kochbücher für Hausfrauen, die als Kind das Kochen meist von ihrer Mutter und/oder Großmutter gelernt oder eine Kochschule absolviert hatten. (Auch ich gehöre noch dazu.)

Seit nun fast 20 Jahren leben in meinem Haus junge Mädchen, die kaum irgendwelchen Haushalt- oder gar Kochunterricht erhalten haben. Sie können mit alten Rezepten nicht viel anfangen.

Dann kommt noch vermehrt eine weitere Gruppe von sehr lernbegierigen, aber meist völligen Anfängern dazu: Männer, die gerne kochen möchten! Seit etlichen Jahren führe ich in meinem Haus Männer-Kochkurse durch. Ich weiß, daß sie mit meinen ausführlich geschriebenen Rezepten arbeiten können (und diejenigen, die bei mir einen Kurs absolviert haben, wissen auch, daß es zur Koch-Ehre gehört, nachher eine tadellos aufgeräumte Küche zu hinterlassen!!).

Ich bitte deshalb die guten Hausfrauen, die sich über meine für sie allzu genauen Beschreibungen wundern, um Verständnis. Ich hoffe, daß auch sie Spaß an meinen Rezepten haben, finden sich doch etliche Gerichte dabei, die ich von meinen Zuschauerinnen und Leserinnen erhielt und die nur in ganz bestimmten Regionen bekannt sind — aber gewiß überall so gut schmecken wie dort, wo sie herkommen — aus Großmutters Küche nämlich!

Herzlich

Kathrin Rüegg

Einleitung

Meist beginnt das Ganze mit einer provozierenden Bemerkung meiner Frau beim Frühstück. Etwa so: «Wenn du dieses Jahr kein Gemüse anpflanzen willst, dann könntest du mir wenigstens umstechen, damit ich Blumen säen kann. Die Gemüsepflanzerei lohnt sich ja doch nicht!»
Aber natürlich will ich Gemüse anpflanzen. Tomaten vor allem und Gelbe Rüben und Bohnen, bunte Feuerbohnen, die am Zaun wachsen und bis in den Herbst rot und weiß blühen und Bohnen tragen. Etwas rauhe Bohnen zugegebenermaßen, die ich aber den feinen Stangen- und Buschbohnen vorziehe, wie schon meine Mutter.
Zu mehr reicht es leider nicht in meinem Gärtchen. Fünf Johannisbeersträucher habe ich noch, drei schwarze und zwei rote, und eine Zeile Himbeeren. Zwischen den Johannisbeeren wächst Rhabarber. Und, fast hätte ich es vergessen, direkt am Haus wächst Meerrettich und Petersilie und Schnittlauch und Pfefferminze und Zitronenmelisse und Salbei.
Alles kein Gemüse, sondern Kräuter, aber Kräuter gehören dazu, denn was wäre Gemüse ohne Kräuter?
Und auf der anderen Seite vom Haus, dort, wo das Haus des Nachbarn ganz nah ist, da hab ich vor fünf Jahren zehn Spargelpflanzen eingegraben. Die Hälfte ungefähr hat überlebt und bringt in jedem Mai Spargel, bleistiftdicke, grüne Spargeltriebe, genug für einen einzigen kleinen Salat. Ich bin halt kein großer Gemüsegärtner.
Dann kommt ein Samstag, die Sonne scheint, die Nachbarn rechts und links und auf der anderen Seite der Straße wirken in ihren Gärten, mähen Gras, schneiden Rosen, pflanzen Geranien um, da hol ich meinen Spaten aus dem Keller und den Rechen, zieh ein Paar alte Schuhe an, und dann geht es los. Spaten ansetzen, damit die Scholle nicht zu groß und zu schwer wird, Fuß aufsetzen, runtertreten, Stiel nach hinten drücken, Scholle herausheben, umdrehen, fallen lassen. Die Schollen der ersten Reihe werden nach hinten geworfen zum Ende des Feldes.
Dann ein Spatenstich neben den anderen, eine Scholle neben die andere. Wenn die Reihe fertig ist, gebe ich Kompost in den kleinen Graben, Kompost aus unserem Komposter, in den alle organischen Abfälle des Haushalts kommen, das ganze Jahr über.
Die moderne Müllordnung mit ihren gelben und grünen und grauen Dreckeimern oder, wie man heute sagt, «Tonnen» und ihren hohen Gebühren, hat auch ihre Vorteile. Früher hatten wir keinen Komposter, nur einen Komposthaufen, in der äußersten Ecke des Gartens für die Abfälle, die eben im Garten anfallen, Blätter, verwelkte Blumen und Pflanzen. Das kommt jetzt alles in den Komposter und dazu aus der Küche das, was kompostierbar ist: Salatblätter und Gemüseabfall, Kartoffelschalen und Speisereste. Nach ein paar Monaten kann man unten als Kompost entnehmen, was oben hineingeworfen wurde. Recycling nennt man das wohl.

Während ich weiter umsteche, denke ich über dieses Recycling nach. Die Welt des Lebendigen ist in ständigem Kreislauf. Das gilt für Pflanze, Tier und Mensch.

Spaten ansetzen, Fuß darauf, runtertreten, Scholle herausheben, umdrehen. Scholle für Scholle, Reihe für Reihe. Ein Drittel meines Feldes habe ich schon.

Im Garten meiner Mutter mußte ich im Herbst umstechen. Da mußte der ganze Garten das Aussehen eines frischgepflügten Feldes haben, alles aufgeräumt sein, und wenn dann Mutter Anfang November den letzten Rosenkohl und den letzten Lauch in ihrem Wägele von mir heimziehen ließ, dann schloß sie das Gartentürle ab mit dem Gefühl eines Bauern, dessen Acker für den Winter wohl geordnet ist.

«Weisch, de Bode muß durchgfriere, damits im nägste Johr kei Ungeziefer het», sagte meine Mutter. Und darum durfte im Frühjahr auch nicht umgestochen werden. Die durch Kälte und Wetter zerfallene Krume wurde nur noch gehackt und bestenfalls mit der Grabgabel gelockert.

Ich komme im Herbst nie dazu umzustechen und bin jeweils froh, wenn ich wenigstens meine Beeren geschnitten habe, die Johannisbeeren und die Himbeeren.

Jetzt im Frühjahr kämpfe ich genüßlich mit dem Spaten gegen die Unkrautwildnis, die noch aus dem letzten Jahr stammt. Gras wächst und wird in dicken Büscheln herausgerissen und auf den Weg geworfen, wo ich es am Schluß zusammenlese, die Erde sorgfältig abschüttle und den Rest in den Komposter werfe, versteht sich. Löwenzahn wächst darauf und Sternmieren, die im Salat so gut schmecken.

Wildgemüse beide, Wildgemüse, aus dem unser Kulturgemüse entstanden ist.

Und dann gibt es noch ein paar Strünke vom Rosenkohl und von den Tomaten des letzten Jahres. Unter meinem Spaten verwandelt sich alles in die Ordnung eines frisch umgestochenen Feldes. So ähnlich muß der liebe Gott gefühlt haben, als er das Chaos des Anfangs in eine geordnete Welt verwandelt hatte.

Die Erde duftet. Dicke Regenwürmer ringeln sich protestierend zwischen den Schollen.

Wenn Tante Emile ihren Garten umgestochen hat, war immer ihr Lieblingshuhn Emma dabei und fraß die Regenwürmer. Der kleine Werner hat dann gesagt: «Gell, Tante Emile, ich muß kein Ei von de Emma esse.»

Und Tante Emile sagte: «Du wirsch froh si, wenn de eins kriegsch.»

Aber das Ganze war nicht weiter ernst gemeint, war auch nicht wörtlich zu nehmen, sondern war so etwas wie ein Ritual, das sich zwischen meiner Tante und mir eingespielt hatte beim Umstechen in ihrem Garten hinterm Haus. Und die Eier des Huhnes Emma haben mir alleweil trefflich geschmeckt, Regenwürmer hin, Regenwürmer her. Aber wichtig sind sie schon, die Regenwürmer in meinem Garten, sie lockern die Erde, produzieren Kompost. Sie brauchen keine Angst zu haben, denn ich habe kein Huhn. Nur ein Rotkehlchen sitzt einen Meter von meinem Spaten entfernt auf der frisch umgestochenen Erde und schaut mir beim Arbeiten zu. Ist es der Geist meiner Mutter?

Spaten ansetzen, drauftreten, Scholle umdrehen. Vor zwei Stunden, als ich den Spaten aus dem Keller geholt habe, war er rostig von einem untätigen Winter, jetzt blinkt der Stahl blank in der noch etwas matten Frühjahrssonne.

Dabei ist das Spatenblatt abgenutzt, ist kürzer als das Blatt eines normalen Spatens, wenn er neu ist. Fünfzig Jahre oder mehr muß dieser Spaten alt sein.

Ich meine mich daran zu erinnern, wie ihn meine Mutter gekauft hat. Irgendwann in den dreißiger Jahren.

Bei dem alten Mann, der im Kleingartengelände, am Hölderlebach, zwischen Höllentalbahn und Lorettobad für den Kleingartenverein Dünger verkaufte und Gartengeräte. Er war der Trost meines Vaters, der genauso ungern in den Garten ging wie der Bub Werner. Während ich mit meiner Mutter weitertrotten mußte, blieb mein Vater regelmäßig bei seinem Spezi hängen, um über die Zeitläufte, sie waren dunkel und bedrohlich wie die damaligen Machthaber, zu schimpfen.

Mutter mochte das gar nicht, zog mich mit, schärfte mir ein, ja nirgendwo von dem zu reden, was ich eventuell gehört haben könnte. Erinnerungen an ein Stück Zeitgeschichte.

Zurück zu dem Spaten. Meine Mutter hat mit ihm umgestochen, mein Vater wohl auch, ich hab's Umstechen mit ihm gelernt. Da war meine Mutter ganz genau, Umstechen mußte akkurat geschehen, die Zeile mußte gerade sein, ein Spatenstich mußte neben den anderen kommen, ordentlich mußte es ausschauen. Jetzt arbeite ich auch schon wieder bald dreißig Jahre mit ihm, seitdem ich ihn von Mutter geerbt habe.

Der Spaten ist alt geworden dabei, das Blatt ist abgenützt, der Stiel verwittert, rauh, er tut in den Händen weh.

Bald werde ich einen neuen Spaten kaufen müssen. An wen gebe ich den weiter? An die Töchter? Die kaufen das Gemüse im Supermarkt. Vielleicht kommt die Freude am eigenen Gemüse erst noch bei ihnen. So wie ich auch lange Zeit gebraucht habe, um diese Freude zu entdecken.

Was ist das für eine Freude, was ist das, das in mir anklingt, wenn ich die Erde umbreche, wenn ich ihren Duft rieche? Ist das die Erinnerung aus hundert, aus tausend Generationen, Erinnerung, gespeichert im Erbgut, in den Genen, angeboren, nicht erworben. Erinnerung an die Arbeit von Bauern, die den Boden umbrachen, um mit ihren Familien leben zu können? Die die Saat gesät, Pflanzen gesetzt, gehegt, gepflegt haben, die in ihren Gärten Gemüse gepflanzt haben und auf ihren Äckern. Seit wann?

Seit der Sintflut wohl, wenn man denen folgt, die annehmen, daß die große Revolution vor zehntausend Jahren, der Übergang vom Jägerdasein zum Dasein des Hirten und des Bauern nach der großen Flut erfolgt sei. Seitdem wird Gemüse angepflanzt und züchterisch verbessert. Bei uns auf dem «Wald» ist das Gemüse und dessen Anbau Sache der Bäuerin. Die Frau mußte in der Frühzeit Pflanzen sammeln, Wildkräuter, Wildgemüse. Daraus ist der Garten geworden. Der Mann, der war in der Frühzeit Jäger. Daraus ist der Hirt geworden. Sache des Bauern sind bis heute die Kühe, aber auch das Getreide, die Kartoffeln, das Obst, der Wald. Die Bäuerin kümmert sich um den Garten und um die Kleintiere, um Schweine und Gänse, Enten und Hühner, von der Katze gar nicht zu reden.

So ist es im Schwarzwald. Anders ist es auf der Reichenau, wo die Bauern Gemüse produzieren, so wie andernorts Getreide und Kartoffeln. Oder im Markgräflerland, in der Ortenau, wo es Spargel gibt und Bohnen, Meerrettich und Gelbe Rüben, oder auf der Filderebene mit ihrem weißen Kraut soweit du schaust. Warum aber ist es auf dem Schwarzwald so anders? Könnte es sein, daß das Essen von Gemüse hierzulande gar keine allzulange Tradition hat?

Wenn ich die traditionellen Gerichte betrachte, die auf dem Schwarzwald gegessen werden – ich rede vom Schwarzwald, weil ich da die Verhältnisse besser kenne als anderswo – dann spielt Fleisch eine zentrale Rolle und das, was man aus Getreide macht: das Brot, die Nudeln und die

Mehlsuppe und Spätzle!! Dann kommen die Kartoffeln, die allerdings noch nicht so lang bei uns heimisch sind und die die Hirse als Grundnahrungsmittel abgelöst haben, und den Buchweizen und die getrockneten Erbsen. Sauerkraut gehört als Gemüse dazu und Rüben, gelbe und weiße, süße und saure. Aber damit ist man schon in der Randzone der Speisen. Randzone, das sind auch die Bohnen und der Salat, der Mangold, der Lauch und der Spinat. Und das Rotkraut. Aber das Rotkraut gehört zum Schweinebraten und die Bohnen zum gekochten Speck und das Sauerkraut zu den Blut- und Leberwürsten und zum Schäufele.

Daß Gemüse auf der Speisekarte unserer Vorfahren, schon unserer Großeltern, keine wichtige Rolle gespielt hat, das kann man in den Gasthäusern erleben, wenn man kein Fleisch essen will oder kann. Es gibt nur Gerichte mit Fleisch. Ach ja, für die Kranken vielleicht noch das Omelett. Aber eigentlich sollten die eingemachtes Kalbfleisch essen, das traditionelle Essen für Kranke.

Ganz typisch: In der Spargelzeit sind die Speisekarten unserer Gasthäuser diesem erlesensten aller Gemüse gewidmet. Aber wenn du glaubst, nun könntest du Spargel bestellen, nur Spargel mit ein paar Kartöffele und Butter, dann liegst du ganz falsch. Zu einem Spargelgericht gehört ganz selbstverständlich die Platte mit gekochtem und rohem Schinken oder das Kalbsschnitzel, paniert oder natür!

Beides nicht zu bestellen bewirkt das Hochziehen der Augenbrauen bei Kellner oder Kellnerin: «Da ist einer, der weiß nicht, wie man Spargel ißt. Da gehört doch Fleisch dazu. Oder?»

Man ißt einfach Fleisch. So wie man in der Vergangenheit Fleisch gegessen hat, falls man sich das Fleisch leisten konnte. Die Armen natürlich, die haben auch in der Vergangenheit Gemüse gegessen, wenn auch nicht Gemüse in unserer hochgezüchteten Form. Wildgemüse vor allem und einfache bäuerliche Gemüsearten.

In Otto Rahns aufregendem Buch über die Katharer, jene religiöse Bewegung des Mittelalters, die sich von Südfrankreich aus über Europa ausgebreitet hat, fand ich die Anmerkung, daß man in jener Zeit schon der Ketzerei verdächtig war, wenn man kein Fleisch aß. Denn die Katharer, die Reinen, wie sie sich selbst nannten, mochten nicht töten, auch keine Tiere. Sie nahmen Gottes Liebesgebot sehr ernst im Gegensatz zu der Kirche, die diese Menschen mit grausamsten Mitteln verfolgte. Darum war es zu Zeiten der Inquisition lebensgefährlich, kein Fleisch zu essen. Liegen hier auch Wurzeln zu unserem übertriebenen Fleischessen? Andererseits galt der Verzicht auf Fleisch seit altersher bei den Mönchen als ein Teil ihrer Selbstzucht. So wie es im Abendland Orden gibt, die kein Fleisch essen, so essen die orthodoxen Mönche des Heiligen Berges Athos nie Fleisch. Überhaupt gehört es auch für den einfachen Gläubigen in der Orthodoxie ganz selbstverständlich zur Fastenzeit, auf Fleisch zu verzichten. Fastenzeiten sind je vierzig Tage vor Ostern und Weihnachten, je vierzehn Tage vor den Festen Peter und Paul und Mariä Entschlafung, vor einzelnen anderen Festtagen und am Mittwoch und Freitag jeder Woche.

Fleischverzicht, das ist Verzicht auf Genuß, das ist Konzentration auf das Wesentliche im Leben, das ist Erziehung zu einem geistlichen Leben.

Aber da ist etwas, das ich nie verstanden habe, das den Gemüse liebenden Sohn einer Gemüse anbauenden Mutter immer sehr ärgerte: Der liebe Gott scheint etwas gegen Gemüse zu haben. Denn in der Bibel heißt es, er habe mit Wohlgefallen auf das Schäfchen geschaut, das der Abel geopfert hat, während ihm der Blumenkohl und die Gelben Rüben des Kain gleichgültig waren. Unser Religionslehrer hat das zwar so erklärt, es sei dabei gar nicht um das Opfer gegangen, sondern der Kain habe nicht mit rechter Gesinnung seine «Früchte des Feldes» geopfert. Nur, in meiner Bibel stand halt nix von Gesinnung. Seitdem mißtraue ich auch den Bibelinterpretationen der Pfarrer, und nicht nur wenn es um Fleisch oder Gemüse geht.

Die Ernährungswissenschaft sagt, der Mensch brauche zu seiner Gesundheit eine vernünftig zusammengestellte und ausgewogene Kost aus tierischen und pflanzlichen Nahrungsmitteln.

Lange Zeit war man der Meinung gewesen, um gesund und sportlich fit zu sein, genüge es, Fleisch zu essen und das Gemüse höchstens wegen der Vitamine. Die Fasern und unverdaulichen Teile des Gemüses aber würden den Organismus unnötig belasten. Gerade an diesem Punkt hat sich die Anschauung gründlich gewandelt. Die Ballaststoffe des Gemüses gelten heute geradezu als unverzichtbar, um den Darm zu einer gesunden Tätigkeit zu veranlassen, ihn zu entgiften und damit den ganzen Menschen gesund zu erhalten.

Nun gibt es auch die Vegetarier, die auf das Essen von Fleisch verzichten. Sie sind der Auffassung, die meisten unserer Zivilisationskrankheiten – Krebs, Kreislaufprobleme, Rheuma, Allergien – hätten ihren Ursprung im Fleischessen, generell lebe der Mensch ohne Fleisch gesünder und besser. Mit Recht weisen sie auch auf die schrecklichen Qualen hin, die Schlachttiere erdulden müssen. Manche meinen sogar, die Moral der Menschheit, ihre Friedensbereitschaft vor allem, ließe sich durch den Verzicht auf Fleisch verbessern.

Eine Gruppe von Vegetariern geht so weit, nicht nur auf den Fleischgenuß, sondern auch auf Milch, Milchprodukte und Eier, also auf alles tierische Eiweiß zu verzichten. Nicolai Worm, der sich wissenschaftlich mit diesen Veganern beschäftigt hat, hat bei ihnen eine besonders gute Gesundheit festgestellt, wobei er es offen läßt, ob dieser gute Gesundheitszustand eine Folge der rein pflanzlichen Nahrung oder der bewußten Lebensführung – viel Bewegung, geistige Aktivität, Verzicht auf Genußgifte – ist.

Aber der Mensch ist offenbar von Natur auf eine vernünftige Mischkost angelegt. Und selbst unsere nächsten Verwandten im Tierreich, die hochentwickelten Affen, suchen sich zu den Früchten ihrer Grundnahrung, tierische Nahrung, gehen sogar auf die Jagd.

Aber was soll's, wie bei vielen Dingen im Leben gibt es auch bei der Frage nach der Ernährung keine eindeutigen Ja und keine eindeutigen Nein. Jedes Zuviel ist zweifellos ungesund, und in unserer Gesellschaft bezieht sich das Zuviel ganz bestimmt auf das Fleischessen. Also mehr Gemüse, mehr pflanzliche Nahrung! Mir ist das recht, ich liebe Gemüse.

Scholle für Scholle kehrt mein Spaten um, wendet das Unterste zuoberst. Gemüse will ich pflanzen. Was für Gemüse? Das ist gar nicht so einfach. Leider ist der Boden neben unserem Haus zu mager. Ich müßte ihn düngen. Das bißchen Kompost reicht nicht aus. Mist müßte darauf. Meine Mutter pflegte eine Geschiche zu erzählen von zwei Männern, die ihre Äcker nebeneinander hatten. Der eine der beiden war sehr fromm und ging oft in die Kirche, um zu beten. Aber auf seinem Acker gedieh ihm wenig. Der andere aber düngte seinen Acker regelmäßig mit Mist und hatte infolgedessen reiche Ernten. Eines Tages standen die beiden nebeneinander und betrachteten ihre beiden Äcker, den mageren Acker des Frommen und den üppigen Acker des anderen.

Da sagte der Fromme: «Ich weiß nicht, warum dein Acker so fruchtbar ist, obwohl du doch so selten in die Kirche gehst.» Der Nachbar entgegnete: «Weißt du, Fritz, Mistus geht halt über Christus.»

Meistens hat meine Mutter diese Geschichte auf den Schlußsatz reduziert, wenn sie mich losschickte mit einem Eimer, Pferdeäpfel auf der Straße zu sammeln, was in den dreißiger und vierziger Jahren noch möglich war, denn es gab noch genügend Pferdefuhrwerke: die Brauerei, der Kohlenhändler, der Milchhändler, die Güterspedition. Sie alle hatten noch Pferde, sie hatten noch Zeit, das Leben lief halt generell gemächlicher.

Warum ich keinen Mist in meinen Garten bringe? Es gibt zwar in unserem Dorf keine Kühe mehr, leider, aber es gibt Pferde. Doch wie soll ich den Pferdemist denn holen, im Kofferraum meines Autos? Die Alternative wäre Kunstdünger. Gerade das aber möchte ich nicht.

Schließlich pflanze ich ja mein eigenes Gemüse gerade deswegen, damit ich nicht Chemie mit dem Gemüse essen muß. Und dasselbe gilt für Mittel gegen Schädlinge.

Ich liebe den Pflücksalat, den man bei uns noch nicht einmal kaufen kann. Also habe ich seine Aussaat versucht. Die Pflänzchen waren schon zwei Zentimeter groß, da habe ich sie das letzte Mal gesehen. Ich mußte auf eine Dienstreise gehen, und als ich zurückkam, war nichts mehr übrig, als das nackte Beet. Schnecken hatten alles ratzekahl weggeputzt. Soll ich Schneckenkorn auslegen? Ich hab's mit dem berühmten Marmeladeglas voll Bier probiert. Ich glaube, alle Schnecken des Dorfes haben sich auf den Weg zu meinem Bier gemacht. Mein ganzer Garten wimmelte von Schnecken! Also auch nichts mit alternativen Mitteln! Der Schnecken allerliebstes Nahrungsmittel ist mein Basilikum. Basilikum kann gar nicht so schnell wachsen, wie es die Schnecken fressen. Also doch Gift?

Wie machen das eigentliche die alternativen Bauern, die biologisch-dynamischen, die biologisch-organischen, naturgemäßen, ökologischen? Daß ihr Gemüse so schön wird trotz dem Verzicht auf chemisch-synthetische Dünger, daß ihnen die Schädlinge noch etwas übrig lassen zum Verkaufen trotz dem Verzicht auf chemische Schädlingsbekämpfung?

Wieviel Idealismus ist da notwendig, wieviel Kenntnis natürlicher Zusammenhänge, die ich z. B. nicht besitze, nicht besitzen kann. Wie stärkt man die natürlichen Abwehrkräfte der Pflanzen? Welches ist der richtige Standort, der die Pflanze nicht schwächt, welche Pflanzen sollen am gleichen Standort aufeinander folgen, welche nicht, welche Pflanzen mögen sich, welche nicht, können also nicht nebeneinander gepflanzt werden. Bohnen, Karotten, Erbsen, Lauch, Erdbeeren mögen sich. Bohnen mögen keine Zwiebeln und keinen Knoblauch, Kohl mag die beiden auch nicht, dafür mag Kohl Tagetes und Rosmarin, Thymian und Kamille. Tomaten und Kartoffeln lehnen einander ab, obwohl sie doch botanisch verwandt sind!

Viel Arbeit hat der Biobauer, Arbeit, die ihm die Chemie abnehmen würde. Und sein Ertrag ist geringer. Dafür ist das Risiko, nicht zu ernten, wo er gesät hat, umso größer. Man sollte das bedenken, wenn die Preise für seine Produkte etwas höher sind.

Jaja, ich weiß, ich bin da sehr parteiisch. Das kommt daher, weil mein Freund Paul ein solcher engagierter Bauer ist, dem das naturbelassene Produkt wichtiger ist als das wirtschaftliche Ergebnis, der nicht nur Gemüse biologisch anbaut und Obst, Kartoffeln und Wein, sondern auch Schweine züchtet und Rinder und sie dabei ihrer Natur gemäß – fast hätte ich gesagt, menschenwürdig – behandelt.

So, mein Feld ist umgestochen. Jetzt kommt die Feinarbeit. Die Feinarbeit mit dem Rechen. Zunächst werden Erdschollen, die etwas größer sind, zerkleinert, dann wird die Oberfläche des Feldes so behandelt, daß sie fein und krümelig wird. Sie soll den Samen aufnehmen können und die jungen Pflänzchen, die im Frühbeet, im Schutz von Brett und Glas aus dem Samen aufgegangen sind.

Mit einer Schnur und einem Brett teile ich mein Feld ein in Beete. Trete Wegchen dazwischen, häufle die Beete an, an den Rändern. Jetzt müssen sie noch ein paar Tage ruhen. Die Oberfläche soll noch etwas verwittern. Dann heißt es auf den Mond achten und die Sternzeichen. Halten Sie das ruhig für Aberglauben, ich richte mich danach, so wie meine Mutter sich danach gerichtet hat. Und dann kommt es auf die rechte Bodentemperatur an, zum Säen. Die fühlt man mit dem Unterarm wie beim Babybaden. Und mit dem Setzen der Tomaten und dem Legen der Bohnen warte ich erst noch die Eisheiligen ab. Erst wenn am 15. Mai die Kalte Sophie vorbei ist, können Tomaten und Bohnen in den Boden. Falls dann auch noch der Mond recht steht ...

Der Samstagmorgen ist vorbei. Zufrieden schaue ich auf meine Arbeit. Dann ruft meine Frau zum Mittagessen: die ersten deutschen Spargeln. Es lohnt sich, darauf zu warten, so sehr ich die bitteren Cavaillonspargeln aus Südfrankreich mag. Frische Spargeln, längstens vor einem halben Tag gestochen – die gibt's bei uns in Hügelsheim – sind einfach nochmal etwas anderes als einfach Spargel. Und ich liebe Spargel. Ich liebe Gemüse. Vor allem, wenn es frisch ist. Das Gemüse aus Mutters Garten war es immer. So etwas prägt.

Was ist eigentlich Gemüse?

Gemüse, das sind Pflanzen oder Teile von Pflanzen, die roh oder zubereitet gegessen werden.

Es gibt:

- **Kohlgemüse** (Weiß- und Rotkohl, Blumenkohl, Brokkoli, Romanesco, Rosenkohl, Kohlrabi, Wirsing, Grünkohl)
- **Wurzelgemüse** (Speisemöhren, Pastinaken, Gemüserüben, Radieschen, Rettiche, Rote Rüben, Fenchel, Schwarzwurzeln, Knollensellerie, Wurzelpetersilie)
- **Fruchtgemüse** (Gurken, Zucchini, Paprika, Auberginen, Avocados, Kürbisse, Melonen, Tomaten)
- **Blatt- und Stielgemüse** (Spinat, Mangold, Guter Heinrich, Kopfsalat, Pflücksalat, Schnittsalat, Endivien, Feldsalat, Schnittsellerie, Bleichsellerie, Spargel, Zichorie, Rhabarber, Schnittlauch, Schnittpetersilie, Stielmus)
- **Blütengemüse** (Blumenkohl, Brokkoli, Artischocken)
- **Zwiebelgemüse** (Porree, Zwiebeln, Knoblauch)
- **Hülsenfruchtgemüse** (Buschbohnen, Stangenbohnen, Erbsen, Puffbohnen, Linsen, Sojabohnen)

Diese Einteilungen orientieren sich mehr am Aussehen als an der botanischen Zugehörigkeit. Darum sind auch Überschneidungen und Doppelnennungen möglich.

Außerdem gibt es Gewürz- und Küchenkräuter. Schließlich kann man auch die Speisepilze zu den Gemüsen rechnen.

Gemüse als Nahrungsmittel

Die Liste der Gemüsesorten zeigt die ganze Vielfalt des Nahrungsmittels Gemüse: Von Artischocke bis Zwiebel spannt sich der Bogen delikater Geschmacksnuancen. Vieles ist zu entdecken vor allem für den, dessen Gemüsekonsum sich auf Kopfsalat und das traditionelle Karotten-Erbsen-Miteinander beschränkt. Als Beilagen eignen sich ebenso viele Gemüse wie als Hauptgerichte. Eine ganze Welt kulinarischer Genüsse tut sich für den auf, der entsprechend neugierig ist. Und dann kommt noch hinzu, von Gemüse allein kann man nicht dick werden. Dabei sind Gemüse vollwertige Nahrungsmittel. Man kann sich von Gemüse allein ausreichend ernähren.

Gemüse enthalten als Energieträger Stärke, manchmal auch Zucker; sie enthalten – mit Ausnahme der Samen – wenig Eiweiß, kaum Fett. Sie haben einen hohen Wassergehalt (bis zu 98 %) und daher wenig Kalorien, dafür aber viele Vitamine und Mineralstoffe. Bei einem Nahrungsmittel mit wenig Kalorien und vielen Vitalstoffen (Vitamine und Mineralstoffe) spricht man von hoher Nährstoffdichte.

Wegen dieser hohen Nährstoffdichte sind die Gemüse als regelmäßige Speisen für eine gute Ernährung unentbehrlich als Rohkost, als Salat, als gegartes Gemüse oder als Bestandteil von Gerichten.

Die wichtigsten Mineralstoffe, die in den Gemüsen enthalten sind:
- Kalium – ist für die Tätigkeit von Muskeln und Nerven notwendig, zur Regelung des Wasserhaushalts und für den Energiestoffwechsel
- Kalzium – ist notwendig für den Knochenaufbau, bewahrt vor allem im Alter vor Knochenbrüchen und Knochenverkrümmungen. Brokkoli, Fenchel, Lauch, Spinat haben fast ebensoviel Kalziumgehalt wie unser wichtigster Kalziumlieferant, die Milch.
- Magnesium – ist für die Tätigkeit der Muskeln besonders wichtig. Ein Achtel unseres Tagesbedarfs stammt in der Regel aus Gemüse.
- Eisen – ist ein Bestandteil des roten Blutfarbstoffs, der für den Sauerstofftransport zuständig ist. Gemüse liefert ein Siebtel des Nahrungseisens. Eisen enthalten Schwarzwurzeln, Spinat, Mangold, Erbsen, Feldsalat.

Weitere wichtige Spurenelemente im Gemüse sind
- Zink (Heilung von Wunden)
- Fluor (Härte der Zähne)
- Jod (Schilddrüse)

Gemüse ist neben dem Obst ein wichtiger Vitaminspender

- Vitamin C erhöht die Abwehrkraft des Körpers und vermindert Oxydationsprozesse, die für die Alterung des Körpers verantwortlich sind. Hundert Gramm Paprika oder Kohl der unterschiedlichen Sorten reichen in rohem Zustand aus, um den Tagesbedarf zu decken.
- Vitamine der B-Gruppe sind wichtig für die Blutbildung, für den Stoffwechsel der Aminosäuren, die Verwertung der Kohlenhydrate im Körper.
- Pro-Vitamin A (Carotin), enthalten in Spinat, Karotten, Paprika und Grünkohl, wirkt auf die Haut, fördert den Aufbau von körpereigenem Eiweiß, beeinflußt das Zellwachstum, ist Bestandteil des zum Sehen notwendigen Sehpurpurs.

Gemüse können auch Stoffe enthalten, die Körperfunktionen ungünstig beeinflussen

- Vor allem im Kohl sind Stoffe enthalten, die eine Vergrößerung der Schilddrüse bewirken können. Deshalb kann eine einseitige Kohlernährung zur Kropfbildung führen. Eine ausreichende Versorgung mit Jod kann dies ausgleichen.
- Stoffe in Hülsenfrüchten (Bohnen, Soja, Erdnüsse) können die Gerinnungsfähigkeit des Blutes erhöhen.

– Oxalat, Oxalsäure wird in der Zelle von Pflanzen gebildet und kann sich anreichern. Sowohl Spinat als auch Rhabarber sind in ihrem Geschmack durch den Gehalt an Oxalsäure bestimmt. Dieses Oxalat begünstigt die Bildung von Nierensteinen. Außerdem geht es mit bestimmten Mineralstoffen und Spurenelementen unlösbare Verbindungen ein und behindert damit deren Aufnahme durch den Körper.

Der Nitratgehalt des Gemüses

In der Frage der Umweltbelastung von Gemüse spielt das Nitrat eine große Rolle.
– Nitrat wird im Boden durch Mikroorganismen aus organischem Material gebildet.
  Für die Pflanzen ist Nitrat als Stickstoffquelle unentbehrlich, um Eiweiß aufzubauen. Pflanzliches Wachstum braucht das Nitrat. Darum ist Nitrat Bestandteil von Düngemitteln und wird als Mineraldünger dem Boden künstlich zugeführt. Bei Überdüngung entsteht eine Belastung des Grundwassers und eine Anreicherung von Nitrat in den Pflanzen. Nitrat ist in der Schadstoffdiskussion, weil es sich unter bestimmten Umständen in das giftige Nitrit umwandelt. Nitrit verändert die Bluteigenschaften und kann theoretisch bei Säuglingen zur sogenannten «Blausucht» führen (dtv Lebensmittelführer Obst, Gemüse). Nitrat und Nitrit, das z.B. Wurst beigefügt wird, um eine schöne rote Farbe zu erzielen, stehen im Verdacht, krebserregend zu sein.
  Manche Pflanzen speichern Nitrat in Knollen, andere in Stengeln oder in den Blättern.
  Früchte und Samen sind meistens nitratarm.
Der Nitratgehalt von Gemüse hängt vor allem ab von
– der Gemüseart
– der Stärke der Sonneneinstrahlung
– dem Zeitpunkt der Ernte
– der Art der Düngung

Nitratarme Gemüse	Nitratreiche Gemüse
Erbsen	Spinat
Grüne Bohnen	Kopfsalat
Paprika	Eissalat
Gurken	Endivien
Tomaten	Feldsalat
Rosenkohl	Rote Beete
Knoblauch	Radieschen
Zwiebeln	Rettich
Kartoffeln	Grünkohl
	Chinakohl
	Weißkohl
	Wirsing

Nitrat als solches ist nicht schädlich. Bedenklich ist die Verwandlung in Nitrit. Darum sollen vor allem nitratreiche Gemüse möglichst unmittelbar nach der Zubereitung verzehrt werden.

Gemüse sollte nach dem Kochen nicht warmgehalten werden. Es ist besser, es abzukühlen und bei Bedarf wieder zu erhitzen, damit den Bakterien keine Gelegenheit gegeben wird, Nitrat in das unerwünschte Nitrit zu verwandeln.

Das Entfernen von Blattrispen und Stengeln vermindert bei Blattgemüsen den Nitratgehalt.

Wichtig! Vitamin C und Zitronensäure verhindern die Umwandlung von Nitrat in Nitrit.

Nitratreiche Gemüsesorten sollte man möglichst im Wechsel mit nitratarmen Gemüsen verzehren.

Rückstände im Gemüse

Gemüse können auch Rückstände enthalten, zum Beispiel Rückstände von Pflanzenschutzmitteln. Ihre Menge ist durch Höchstmengenverordnung begrenzt, deren Einhaltung die Lebensmittelüberwachung überprüft.

Ballaststoffe

Im Gemüse gibt es, je nachdem, mehr oder weniger große Mengen unverdaulicher Stoffe, vor allem aus Zellulose. Während man sie früher als unerwünschten «Ballast» ansah, der den Körper belastete, weiß man heute, daß diese «Ballaststoffe» zwar den Darm füllen, aber dadurch auch seine Tätigkeit fördern. Wer mit der «Verdauung» Probleme hat, weiß diese wohltuende Wirkung der Ballaststoffe zu würdigen.

Die Ballaststoffe können Gifte im Darm binden und ausscheiden helfen, sie tragen auch dazu bei, den Cholesteringehalt des Blutes zu senken. Ist der Darm mit Ballaststoffen gefüllt, kommt kein Hungergefühl auf; wenn man dann noch davon ausgeht, daß Gemüse bei einem hohen Gehalt an wichtigen Nährstoffen nur wenige Kalorien hat, so liegt der Wert des Gemüses für eine Gewichtsreduktion auf der Hand.

Bei einigen Gemüsearten, zum Beispiel bei Kohlgemüse, können die Ballaststoffe zur Bildung von Darmgasen, d. h. Blähungen führen. Gewürze wie Fenchel oder Kümmel können diese lindern.

Einkauf von Gemüse

Gemüse muß frisch sein. Je frischer das Gemüse, desto wertvoller. Dies ist nur möglich bei möglichst kurzen Transportwegen. Darum sollte man beim Einkauf auch auf die Herkunft des Gemüses achten! Am besten ist der Einkauf direkt beim Erzeuger. Kennt man den Erzeuger, geht man auch hinsichtlich der Belastung des Gemüses mit chemischen Düngern und chemischen Pflanzenschutzmitteln ein geringeres Risiko ein.

Wer diese Möglichkeit des unmittelbaren Einkaufs beim Erzeuger nicht hat, wird wohl Gemüse aus ökologischem Anbau bevorzugen.

Ökologischer Anbau verzichtet auf chemisch-synthetische Pflanzenschutzmittel, leichtlösliche Mineraldünger und stellt den gesamten Landwirtschaftsbetrieb auf ökologische Bewirtschaftung um.

In Deutschland sind sechs Organisationen in der «Arbeitsgemeinschaft Ökologischer Landbau» zusammengeschlossen. Sie unterliegen gemeinsamen Rahmenrichtlinien, die streng kontrolliert werden. Das Gemüse ist durch fünf Warenzeichen erkennbar:

In Baden-Württemberg gibt es eine weitere Form der umweltschonenden Landbewirtschaftung, den «integrierten Gemüseanbau». Wesentlich dabei ist: schonende Bodenbearbeitung, ausgewogene Pflanzenernährung, biologische Schädlingsbekämpfung, eingeschränkter Einsatz von chemisch-synthetischen Pflanzenschutzmitteln.

Solches Gemüse trägt das Herkunfts- und Qualitätszeichen Baden-Württemberg.

Aufschrift: Herkunft und Qualität Baden-Württemberg aus integriertem und kontrolliertem Anbau.

Das Zeichen bürgt für Herkunft aus Baden-Württemberg, kontrollierte, umweltschonende Erzeugung, Frische durch kurze Transportwege.

Seit 1991 legt eine Verordnung der Europäischen Gemeinschaft fest, daß nur solche Produkte Bezeichnungen wie «Bio», «Naturnah», «Aus kontrolliertem Anbau» führen dürfen, die tatsächlich entsprechend den Prinzipien eines ökologischen Anbaus produziert wurden.

Alles Gemüse unterliegt der Kennzeichnung und Klassifizierung nach Qualitätsnormen und Handelsklassen. Dies macht Preisvergleich und damit kostengünstigen Einkauf möglich.

Qualitätsnormen werden von der Europäischen Gemeinschaft erlassen und gelten für den internationalen Warenaustausch.

Für eher regionale Gemüse bestehen noch deutsche Handelsklassen ohne Zwang zur Angabe.

Qualitätsnormen und Handelsklassen geben weder Auskunft über die geschmackliche Qualität noch über Nährstoffgehalt und Schadstoffgehalt eines Gemüses. Die Einhaltung der Qualitätsnormen und Handelsklassen wird durch staatliche Qualitätskontrolleure überwacht.

Die Einteilung in Klassen erfolgt hinsichtlich von Größe und Gewicht
- Klasse extra: hervorragende Qualität, keinerlei Mängel
- Klasse I: gute Qualität, kleinste Fehler
- Klasse II: marktfähige Qualität, kleinere Fehler in Farbe und Form

Frischgemüse, das im Handel angeboten wird, muß ausreichend gekennzeichnet sein. Verpackte Ware muß gut sichtbar ein Etikett tragen, auf dem folgendes vermerkt ist: Name und Anschrift des Packers, Art des Erzeugnisses, Ursprungsland, Klasse, Gewicht oder Stückzahl.

Bei unverpackter Ware muß deutlich vermerkt sein: Ursprungsland, Klasse.

Bei einigen Gemüsearten müssen die Sorte und die Größensortierung angegeben werden.

Lagerfähigkeit von Gemüse

Durch den hohen Wassergehalt sind die meisten Gemüsearten leicht verderblich. Bei Zimmertemperatur und geringer Luftfeuchtigkeit geht Frische und Knackigkeit rasch verloren. Vitamine, vor allem Vitamin C, werden durch Licht, Sauerstoff und Wärme zerstört. Deshalb sollen Gemüse möglichst erntefrisch verzehrt werden.

Mineralstoffe und Vitamine sind zum Teil wasserlöslich. Daher führen langes Waschen und Wässern vor allem von zerkleinertem Gemüse zu Verlusten.

Nach der Ernte gehen in den Gemüsepflanzen die natürlichen Stoffwechselprozesse weiter, aber da die Verbindung mit den Wurzeln abgetrennt ist, werden durch diese Stoffwechselprozesse die Inhaltsstoffe abgebaut und umgebaut. Durch niedrige Temperaturen kann dies für eine gewisse Zeit aufgehalten werden. Im Handel gibt es Kühlräume, die bei ganz bestimmten Temperaturen und einer genauen Luftfeuchtigkeit die Lagerung von wenigen Wochen bis zu Monaten möglich machen. Auch für den Haushalt gibt es neuerdings Kühlschränke, die optimale Lagerung von Gemüse auf beschränkte Zeit erlauben. Die Gemüse müssen dann allerdings nach Sorten getrennt und in Folie verpackt sein, denn nur so kann im Beutel die notwendige hohe Luftfeuchtigkeit eingehalten werden. Es fragt sich allerdings, ob sich für den Haushalt eine solche Lagerung überhaupt lohnt.

Neben Frischgemüse gibt es im Handel ein breites Angebot von Tiefkühlgemüse, das jahreszeitunabhängig macht. Tiefkühlung erhält, verglichen mit anderen Methoden der Vorratshaltung, die

Nährwerte am besten. Soweit Tiefkühlkost bereits tischfertig zubereitet ist, muß man allerdings mit Salzgehalt und manchmal auch Fettzugabe rechnen.

Bei nicht tischfertigem Tiefkühlgemüse verkürzt sich übrigens die Garzeit um ein Drittel bis zur Hälfte. Der Flüssigkeitsbedarf ist ebenfalls vermindert.

Beim Einkauf von Tiefkühlgemüse muß man darauf achten, daß die Verpackung weder vereist noch beschädigt ist. Bei Gemüse, das in Stücken eingefroren ist, wie zum Beispiel Erbsen, kann man sich durch Schütteln vom einwandfreien Zustand der Konserve überzeugen. Man muß auch auf das Mindesthaltbarkeitsdatum achten, wobei für unterschiedliche Lagertemperaturen unterschiedliche Haltbarkeitsfristen angegeben sind. Will man tiefgekühltes Gemüse zu Hause weiter tiefkühlen, muß es sich für den Transport entweder in einer speziellen Isoliertasche befinden oder wenigstens in dicke Lagen von Zeitungspapier eingewickelt werden, um ein Antauen zu vermeiden.

Gemüsekonserven werden in Gläsern oder Dosen angeboten. Bohnen, Erbsen, Karotten und Gemüsemischungen kommen für diese Art von Vorratshaltung in Betracht.

Beim Einkauf von Konservendosen muß man darauf achten, daß die Dosen nicht beschädigt sind, vor allem, daß sich weder Deckel noch Boden wölbt. Auch hier muß auf das Haltbarkeitsdatum geachtet werden.

Tiefgefrieren von Gemüse

Zum Einfrieren im Haushalt eignen sich alle Gemüsearten mit Ausnahme von Chinakohl, Radieschen, Rettich, Blattsalat, Kresse. Tomaten, Zwiebeln und Gurken können bedingt tiefgefroren werden, eignen sich aber danach nicht mehr zum Rohverzehr. Zum Tiefgefrieren sollte nur frisches Gemüse verwendet werden. Es wird küchenfertig vorbereitet, das heißt gewaschen, geputzt, evtl. geschält und zerkleinert, dann wird es blanchiert, wobei zur Erhaltung der Farbe bei hellen Gemüsearten Zitronensäure zugesetzt wird (auf 5 l Wasser 1 g Zitronensäure).

Das blanchierte Gemüse wird möglichst rasch abgekühlt und portionsweise in gefriergeeignete Beutel gepackt. Sie werden mit Datum und Inhaltsangabe versehen. Schnelles Einfrieren im Vorgefrierfach oder mit Superschaltung erhält die Qualität am besten. Bei minus 18 Grad C behält das Gemüse für neun bis zwölf Monate gute Qualität. Es kann unaufgetaut zum Garen verwendet werden.

Sterilisieren von Gemüse

Sterilisiertes Gemüse ist verzehrfertig und kann bis zu zwei Jahre ohne Kühlung bei 12 bis 18 Grad C gelagert werden.

Auch zum Sterilisieren sollte nur frisches Gemüse verwendet werden. Es wird küchenfertig vorbereitet und mit der Flüssigkeit in geeignete Einkochgläser gegeben und verschlossen. Die Einkochtemperaturen und -zeiten sind genau einzuhalten. Nach dem Abkühlen werden die Gläser beschriftet und dann kühl und dunkel gelagert. Sie müssen regelmäßig kontrolliert werden. Der Inhalt offener Gläser oder von solchen Gläsern, bei denen sich die Flüssigkeit getrübt hat, muß weggeschüttet werden.

Weitere Konservierungsmethoden

Auf Methoden der Milchsäuregärung und der Trocknung von Gemüse wird an anderem Ort eingegangen.

Empfehlung

Gesundheitsgremien empfehlen, die tägliche Nahrung
zu ca. 30 %   der Kalorien als Fett
zu ca. 55 – 60 %   der Kalorien als Kohlenhydrate
zu ca. 10 – 15 %   der Kalorien als Eiweiß
zu sich zu nehmen.

Nun kann der Mensch beim besten Willen nicht ständig mit der Kalorientabelle essen gehen. Darum hat man die Nahrung in entsprechende Nahrungsgruppen eingeteilt, von denen man täglich essen soll, um die o. g. Mengen zu erreichen. Nicolai Worm schlägt vier Gruppen vor:

- Fleisch oder eiweißhaltige Alternativen
- Getreideprodukte und Kartoffeln
- Milch und Milchprodukte
- Obst und Gemüse
- das wichtigste Element, das Wasser

Er empfiehlt 5 Mahlzeiten am Tag. Man soll bei den drei Hauptmahlzeiten am Morgen, Mittag und Abend weniger essen und dafür zwei Zwischenmahlzeiten, eine am Vormittag und eine am Nachmittag einschieben.
Von der Fleischgruppe sollte zweimal pro Tag gegessen werden, von der Getreideproduktegruppe vier- bis fünfmal, von der Milchgruppe zweimal und von der Gemüsegruppe ebenfalls vier- bis fünfmal.
Gemüse enthalten vor allem Kohlenhydrate und spielen also entsprechend der ersten Empfehlung eine bedeutende Rolle, aber sie sind auch geeignet, einen Teil der Eiweißversorgung zu übernehmen, so daß der Fleischkonsum z. B. reduziert werden kann. Als Portionsgröße gibt Nicolai Worm 150 g Obst oder 150 g Gemüse an. Das bedeutet also bei fünf Portionen Gemüse 750 g. Nimmt man zwei Zwischenmahlzeiten mit je einem großen Apfel oder einer Apfelsine zu je 150 g an, verbleiben für das Gemüse rund 450 g. Davon sollte, so Worm, wenigstens eine Mahlzeit aus rohem Gemüse bzw. Salat bestehen.
Ein von mir sehr geschätzter alternativer Arzt rät dringend dazu, wenigstens ein Drittel der täglichen Nahrung als Rohkost zu essen.
Nicht berücksichtigt bei diesen Überlegungen ist der hohe Gehalt an Mineralstoffen und Vitaminen, der sich positiv auswirkt.

Fruchtgemüse

Paprika (Peperoni), Auberginen (Eierfrüchte), Avocado

In den 50er Jahren war ich oft unterwegs. Zwar war ich am Kaiserstuhl, in Oberbergen, als Lehrer, sozusagen als «Rektor aller Schulen» tätig, aber diese Tätigkeit füllte mich nicht vollständig aus. Es blieb mir noch genügend Zeit übrig, meinem Hobby, dem Theaterspielen, nachzugehen. Ich hatte eine kleine Studiogruppe an der Pädagogischen Hochschule, ich spielte Theater mit Taubstummen und war selbst Mitglied eines namhaften Amateurtheaters. Ich schrieb Artikel über dies, mein Hobby, und gehörte schließlich einer Bundesarbeitsgemeinschaft an, die sich mit der Förderung von Laienspiel und Amateurtheater beschäftigte. Ich hatte zu Tagungen zu fahren, zu Festivals, Vorträge zu halten und Reden, kurz, ich kam herum zwischen Flensburg und Waldshut.

Eines Tages, ich erinnere mich genau, es war in Regensburg, da stand am Abend auf der Speisekarte «Gefüllte Paprika».

«Anton, was sind gefüllte Paprika?» fragte ich meinen Freund, der sich mit derselben Materie beschäftigte wie ich. Er hatte auch noch nie etwas von gefüllten Paprika gehört. Natürlich hatten wir beide eine Vorstellung von Paprika als scharfem ungarischem Gewürz, als wesentliche Zugabe zu dem, was der Mitteleuropäer Gulasch nennt, der Ungar aber Pörkölt, weil Gulasch noch einmal etwas anderes ist, nämlich eine Fleischsuppe, allerdings mit ebenfalls erheblich vielem Paprika. Das Wissen um den Paprika war bei Anton und mir durch den eben gesehen wunderschönen Spielfilm «Ich denke oft an Piroschka» mit der zauberhaften, ganz jungen Liselotte Pulver und dem dazugehörigen Gunnar Möller, ach ja, und dem alten Vogel, vorstellungsmäßig besetzt. Aber das brachte uns nicht weiter in Sachen «Gefüllte Paprika». Also bestellten wir. Die Kellnerin brachte sie: «Gefüllte Paprika». Grüne große Beeren, deren Oberteil abgeschnitten war und wie eine Mütze auf dem gefüllten Unterteil saß. Kartoffelbrei gab es dazu. Ich weiß es bis heute. Und viel Soße. Grün hat das Ganze geschmeckt. Die Fleischfüllung, die Soße und der Kartoffelbrei waren gut. Die grüne Paprika war ungewohnt. Wie heißt es im Casablanca-Film: «Es war der Beginn einer großen Liebe.» Bei nächster Gelegenheit wurden bei uns im Garten Paprika zwischen die Tomaten gepflanzt, und dann gab es Paprika als Salat, rot, grün und gelb, als Gemüse, gefüllt, weil das halt doch am besten schmeckt, und roh zum Wurstbrot.

Auch der Paprika ist ein Gastarbeiterkind. Die ersten, die zu uns kamen nach dem Krieg und beim Wiederaufbau halfen, waren die Italiener, und dann kamen die Jugoslawen, dann die Spanier und die Griechen. Und alle essen sie gern den Gemüsepaprika, der auch Spanischer Pfeffer und Süßpaprika heißt. Bei den Engländern Sweet Pepper oder Bell Pepper und bei den Franzosen Poivron oder Piment doux. Lateinisch: Capsicum annuum.

Wenn man die Früchte nebeneinander sieht, die gelben und die grünen, die hellroten und die orangenen, die dunkelroten, die violetten und schließlich kohlrabenschwarzen, da glaubt man natürlich gern, daß sie eigentlich zunächst ihre Karriere als Zierpflanze in den Gärten Europas begannen. Sie gehören zu jenen Produkten aus der neuen Welt, an denen die spanischen Eroberer viel mehr verdient hätten als an den geraubten Goldgegenständen der armen Indios. Wenn, ja wenn es damals schon so etwas wie Lizenzgebühr gegeben hätte. Aber seien wir froh, es gab sie nicht. Die bunten Beeren wuchsen in den Gärten der Schlösser. Das nächste war, daß man ihre Schärfe entdeckte. Nunmehr wurde der «Spanische Pfeffer» für die Gewürzgewinnung verwendet. Erst um die Jahrhundertwende, also vor weniger als 100 Jahren, wurde der Paprika züchterisch zum Gemüse umgewandelt. Dabei wurden die Beeren vergrößert und der Gehalt an Capsaicin vermindert. Das Capsaicin befindet sich hauptsächlich in den Scheidewänden im Innern der Frucht und in den Kernen. Das Capsaicin macht den Paprika zum scharfen Gewürz. Es verursacht ein scharfes Brennen auf Zunge und Gaumen.

In Deutschland war der Gemüsepaprika bis Ende des Zweiten Weltkriegs so gut wie unbekannt. Inzwischen ist Paprika ein fester Bestandteil unseres Gemüsemarktes, ja geradezu ein «deutsches» Gemüse. Allerdings ist die Anbaufläche in Deutschland sehr gering, so daß Paprika weitgehend eingeführt werden muß. Vom Sommer bis zum Spätherbst kommt Paprika aus Spanien, Italien, den Treibhäusern der Niederlande, aus Ungarn und der Türkei. Im Winter kommt er aus Spanien, Ungarn, den Niederlanden, den Kanarischen Inseln, der Türkei, Israel, Kenia, Ägypten, Kalifornien. Insgesamt 20 Länder sind an dem Paprika-Import nach Deutschland beteiligt.
Gemüsepaprika kann bei 7 bis 8 Grad C zwei Wochen im Gemüsefach des Kühlschranks gelagert werden.
Die Beeren des Gemüsepaprika wachsen an einer einjährigen Pflanze, die bis zu einem Meter hoch werden kann. Man spricht zwar von Paprikaschoten, botanisch betrachtet sind es aber Beeren. Sie haben die Größe einer Männerfaust und können bis 250 g wiegen. Die Haut ist glänzend. Grüne Früchte sind allerdings nicht voll ausgereift. Läßt man sie nach der Ernte nachreifen, so werden sie rötlich. Um rote Paprika zu erhalten, müssen die Beeren an der Pflanze ausreifen. Dasselbe gilt natürlich auch für die übrige Farbskala von gelb bis schwarz.
Paprika enthält Kohlenhydrate, Eiweiß, Kalium, Kalzium, Phosphor, Provitamin A, die Vitamine B 1 und B 2 und das schon genannte Alkaloid Capsaicin.
Dann aber wird es sensationell. Paprika enthält von allen Gemüsen und Früchten das meiste Vitamin C:
grüner Gemüsepaprika 100 bis 150 mg pro 100 g
roter Gemüsepaprika 175 bis 300 mg pro 100 g
roter Tomatenpaprika 270 bis 400 mg pro 100 g.

Die Zitrone mit ihren 34 mg wirkt daneben wirklich bescheiden. Aber damit nicht genug.
Paprika enthält ein Vitamin, das es in keinem anderen Gemüse gibt. Es ist das Vitamin P. Vitamin P reguliert die Durchblutung der feinsten Blutgefäße. Es steuert den Blutdruck und regt den Blutkreislauf an. In 100 g Paprika befinden sich 7000 bis 12000 Einheiten dieses Vitamins.

Um die ganze Fülle des Vitamingehaltes zu genießen, sollte man den Paprika eigentlich roh verzehren. Will man den scharfen Geschmack des Paprika mildern, wird die aufgeschnittene und von den Seitenrippen und Kernen befreite Schote mit heißem Wasser übergossen und darin ziehengelassen. Paprika soll bekömmlicher sein, wenn man die Haut abzieht. Dazu wird die Schote kurz mit kochendem Wasser überbrüht, danach läßt sich die Haut ohne Problem abziehen.

Im eigenen Garten bringt die Paprikapflanze nur dann zufriedenstellende Erträge, wenn sie an hellen, geschützten Plätzen angebaut wird. Am besten jedoch unter Glas oder wenigstens im Schutz von Folien. Sie braucht einen bis 30 cm tiefen, nährstoffreichen Humusboden. Sie hat einen großen Feuchtigkeitsbedarf.

Aubergine
(Eierfrucht)

Es ist seltsam, der Melinsana-Salata bin ich zweimal begegnet. Ich habe zweimal gebraucht, um überhaupt zu wissen, was es ist, das ich da esse.

Das erste Mal war es bei einer lieben jüdischen Freundin. Ich hatte gesagt: «Rebenblüte» (so heißt sie, wenn man ihren Namen auf deutsch übersetzt, und hebräisch klingt das unvergleichlich schöner), also ich hab gesagt: «Rebenblüte, meine Rose, koch mir doch etwas Spezielles aus deinem Land.»

«Was soll's denn sein?» hat sie gefragt.

«Was einfaches», hab ich geantwortet, «was einfaches, was dir und mir nicht zu viel Zeit kostet.»

Und das, was sie gekocht hat, war Auberginenbrei mit viel Knoblauch, viel Olivenöl und einigen Tropfen Zitrone. Und ein ganz klein wenig hat es angebrannt geschmeckt.

«Siehst du, mein Bär», hat sie gesagt, als wir weißes Brot in den Brei tunkten und roten Wein vom Berge Carmel tranken, «siehst du, dies ist die einzige Speise, die anbrennen muß, damit sie authentisch schmeckt.»

Ich habe vergessen, wie dieses wunderbare Mus hieß. Ich glaube, ich habe noch nicht einmal danach gefragt. Das werden Sie gewiß verstehen.

Und dann kam ich zum ersten Mal nach Griechenland, nach Thessaloniki genaugenommen. Und das ist nicht unwichtig zu sagen, denn war nicht Thessaloniki bis 1944 eine jüdische Stadt, in der die Sephardim spaniolisch sprachen und ihre alte Kultur pflegten? Also ich kam mit Paul Wiertz in Thessaloniki an. Wir gingen ins Hotel, tranken einen Ouzo, wie es sich gehört, wenn man nach Griechenland kommt, und gingen ein wenig spazieren, am Meer entlang, dort, wo der Weiße Turm steht: Es war noch zu früh zu essen, für griechische Verhältnisse zu früh.

Am Meer trafen wir einen evangelischen Theologieprofessor aus Heidelberg, der sich ebenfalls in der Kühle des Abends erging, und den evangelischen Vikar der deutschen Gemeinde, der von seinen Büroaktivitäten ermattet, nach Hause strebte.

Paul kennt die Welt. Großes Hallo. Der Plan, einen gemeinsamen Schluck zu nehmen. Der Vikar kannte eine Ouzerie, eine Ouzobeiz, wo es natürlich nicht nur den Anisschnaps, sondern auch entsprechendes Zubrot, das sogenannte Mesedes, gibt, ganz in der Nähe. Die Griechenlandkenner bestellten, der Kellner brachte Ouzo und dann halt alles, was so dazugehört: Oliven natürlich, Tintenfisch in Essig und Öl, Feta, Sardinen, Tomatensalat, Tsatsiki, Taramasalata aus Fischrogen und Melinsanasalata. Und dieser Melinsanasalata war es wieder, das wunderbare kleine Gericht meiner Freundin Rebenblüte.

«Wie heißt das?», fragte ich.

«Melinsanasalata», sagte Paul, «Auberginensalat, denn die Melinsane, das ist die Aubergine.»

Und dieser griechische Melinsanasalat hat mir zwar ganz gut geschmeckt, aber irgendwas hat gefehlt, irgendwas.

Ein Jahr später kehrte ich in einer kleinen Fischtaverne in einem Vorort von Athen ein, bestellte Melinasanasalata, und da war er wieder, der leicht brenzlige Geschmack nach angebrannt. Ich hab den Wirt gefragt, ob er den Melinsanasalat hat anbrennen lassen. «Natürlich», sagte er, «denn nur so schmeckt er, wie er schmecken muß.»

«Apo pou ise», fragte ich, «woher kommst du, von Thessaloniki?»

«Ochi», sagte er, «nein, von Smyrna, aus Kleinasien.»

Die Aubergine, Eierfrucht bei uns noch, Melanzane in Österreich und Italien, lateinisch heißt sie Solanum melongena.

Daheim ist sie wahrscheinlich in Ostindien, kommt also nicht aus Amerika zu uns, wohl aber zum Zeitalter der Entdeckungen und Eroberungen. Es waren die Portugiesen, die sie im 17. Jahrhundert nach Europa gebracht haben. Aber in unseren Gärten gedeiht sie nur unter äußerst günstigen Umständen, wenn, dann am besten im Gewächshaus oder unter dem Folientunnel. Man muß schon sehr viel Glück haben, wenn sie gedeihen soll. Andererseits wird sie heute in allen tropischen und subtropischen, ja gemäßigten Klimazonen angebaut. Im Freiland wächst sie in Italien, in Südfrankreich, in Spanien, auf den Kanarischen Inseln, Israel, Ägypten, der Türkei, dem Irak und Japan.

Unter Glas wird sie – wie so viele andere Gemüsearten – in den Niederlanden mit Erfolg angebaut.

Die Aubergine ist ein Nachtschattengewächs, verwandt mit Tomate, Paprika und Kartoffel.

In der ursprünglichen Form tragen die Auberginen weiße oder gelbe Früchte in der Größe eines Hühnereis. Von da kommt die Bezeichung «Eierfrucht». Die Aubergine schmeckt neutral, hat nur einen leichten pikanten Beigeschmack. Ihr Nährwert ist sehr gering, kein Wunder, sie enthält 92 % Wasser. An Mineralstoffen bietet sie Kalzium, Eisen, Vitamine der B-Gruppe und Vitamin C an. Die Aubergine soll Rheuma, Ischias und Nierenkrankheiten heilen. Ihr Fruchtwasser fördert die Absonderung von Galle und senkt den Cholesterinspiegel im Blut. Die Aubergine wird als ideale Kost für Diabetiker angesehen.

Es gibt viele Sorten von Auberginen, darunter auch kleine weiße, die, wenn sie reif sind, goldgelb werden.

Werden Auberginen zu früh geerntet, dann können die Früchte noch das giftige Solanin enthalten. Erntereif sind Auberginen, wenn die Schale leicht matt ausschaut. Die Samenkörner sollen noch weich und weiß sein und noch nicht braun. Gibt die Schale auf Druck leicht nach, ist dies ein Zeichen von Reife. Geht die Farbe von dunkelpurpur nach violett über, ist die Frucht überreif.

Bei 8 bis 10 Grad halten sich die Beeren bis 10 Tage im Gemüsefach. Sie sind sehr empfindlich gegen Äthylen, daher niemals mit Äpfeln, Bananen oder anderen Früchten lagern.

Bei großen Früchten ist es empfehlenswert, sie zu schälen, bei kleinen sollte man die Aromastoffe, die in der dünnen Haut enthalten sind, nicht entfernen.

Die Haut läßt sich abziehen, wenn man die Aubergine ein bis zwei Minuten in heißes Wasser legt.

Manche Leute mögen den leicht bitteren Geschmack nicht. In diesem Fall schneidet man die Aubergine mit der Schale in dicke Scheiben, salzt sie leicht und läßt die Aubergine ca. ½ Stunde «weinen». Abwaschen, ein wenig auspressen und auf Küchenkrepp trocknen.
Viele interessante Gerichte lassen sich mit Auberginen zubereiten, so z. B. das griechische Moussaka oder die südfranzösische Ratatouille. Zum Rohessen eignet sie sich allerdings nicht.

Avocado

Erinnern Sie sich an die amerikanischen Kriminalromane, deren Held der Rechtsanwalt Perry Mason war? Es gab Zeiten, da hab ich diese Romane verschlungen. Zu Perry Mason kamen die Leute mit komplizierten, aussichtslosen Fällen. Aber wenn Perry Mason den Fall übernahm, dann löste er ihn so, daß sein Klient aus allen Schwierigkeiten herauskam. Er wurde dabei unterstützt von einem Privatdetektiv und last not least von seiner Sekretärin und Assistentin Della Street, der im entscheidenden Augenblick, wenn alles verfahren schien, die rettende Idee kam. Dann ging Perry Mason mit ihr essen in ein hervorragendes Restaurant, und dann bestellte er Steaks, Baked Potatoes und Avocadobirnen. Über dieses Menü bin ich regelmäßig gestolpert. Avocadobirnen war für mich halt eine Birnensorte wie Williamsbirnen oder Alexanderbirnen, und die aß er zum Steak. Warum eigentlich nicht? Mutter kochte ja auch Bohnen mit Speck zusammen mit Birnen. Ich liebte das. Warum sollte man also keine gekochten Birnen zu Steaks essen? Außerdem ißt man Birnen zu Wild. Ist nicht der Rehrücken Baden-Baden gerade dadurch ausgezeichnet, daß Preiselbeeren in ausgehöhlten Birnenhälften angeboten werden?
Kurz, ich nahm es hin, erinnere mich, eines Tages in einem Konversationslexion nachgeschlagen zu haben, aber was ich dort als Eintrag fand, war nicht sonderlich erhellend. Wie will man denn das Besondere einer Avocado einem Menschen, der noch nie eine gesehen, geschweige denn geschmeckt hatte, erklären.
Jahre gingen ins Land, ohne daß ich meine Vorstellungswelt mit Avocado angereichert hätte. Aber irgendwann fuhr ich in den Ferien nach Südfrankreich mit meinem Freund Gerd. Ganz in den Süden, an den Löwengolf, der damals sozusagen noch naturbelassen war. Da gab es noch nicht die synthetischen Ferienstädte wie La Grande Motte oder Port Leucate oder wie sie alle heißen, die Produkte jenes Vorgangs, den die Franzosen Urbanisation nennen. In einem kleinen, damals noch völlig touristenleeren (es war Juli!) Fischerdorf namens Le Grau du Roi haben wir Zimmer gefunden. Selbst für die überaus schmalen Geldbeutel eines Studenten und eines Junglehrers erschwinglich. Halbpension. Das brachte uns abends in den Speisesaal, enthob uns schwieriger Entscheidungen zwischen unbekannten Speisen und war voller Überraschungen. Und so standen dann eines Tages als Vorspeise Teller mit halben Avocados vor uns, die über und über mit wunderbaren, frisch gefangenen Krabben gefüllt waren. Ich löffelte die Sache, aß rösches, frisch gebackenes Weißbrot dazu, fand diese halbe Frucht wunderbar und fragte meinen gebildeten Freund Gerd, was das denn sei. Er sagte beiläufig, das seien Avocados. Er hätte die nicht so gern. Die gäb's bei ihm daheim oft als Vorspeise. Allerdings nicht mit Krabben, sondern mit einer Vinaigrette. Avocados. Seitdem lieb ich sie. Mag sie bei jeder Gelegenheit essen. Einfach mit Salz und Pfeffer, mit ein paar Tropfen Essig und Öl, gefüllt mit einem Salat aus Meeresfrüchten. Sie hat mit Birnen überhaupt nichts zu tun und ist eigentlich eine Frucht, die eher ein Gemüse ist. Sie gehört zur Familie der Lorbeergewächse, ist –

man höre und staune – mit dem Kampfer verwandt, den man früher zur Mottenbekämpfung verwendet hat, und mit dem Zimt und natürlich auch mit dem Lorbeer, jenem feinen Gewürz, bei dem man die Blätter verwendet, grün oder getrocknet. Natürlich hat sie einen schönen lateinischen Namen, heißt Persea americana, englisch Avocado, französisch Avocat. An dem lateinischen Eigenschaftswort «americana» war's schon zu merken. Sie gehört zu den Schätzen der Neuen Welt, die die Spanier mitgebracht haben. Als Cortes in Mexiko landete und seinen Eroberungszug begann, der bekanntlich nur deswegen kein Totalhereinfall war, weil die Bewohner von Mexiko, die Azteken, ihn und seine Reiter für die geweissagten Götter aus dem Meer hielten, da aßen diese Azteken und mit ihnen das andere große Kulturvolk Mexikos, die Maya, längst Avocados. Ja, diese Avocados spielten in ihrer Ernährung eine wichtige Rolle. Sie hielten die Frucht für eine Wunderfrucht, für ein Geschenk der Götter, und nannten sie «Ahuacatl», was in ihrer Sprache «Butter des Waldes» hieß. Immerhin, sie enthält bis zu 30 % Fett. Als Cortes die Avocado mitnahm als Geschenk für seinen König, da hatten die Völker Mexikos sie bereits viele Jahrhunderte gezüchtet und veredelt. Und dieser Veredelungsprozeß hat bis heute nicht aufgehört. So gibt es 400 Sorten von Avocados, deren größte bis zu 2 kg schwer werden können, die kleinen, die Cocktailavocados, die Größe von Cornichons haben. Auf dem Markt sind jedoch Früchte von einem Gewicht von 150 und 400 g und mit einer Länge von 10 bis 12 cm. Meist haben sie eine birnenartige Form, sie können aber genauso wie ein Apfel aussehen oder wie eine Gurke. Die Schalen können alle Schattierung von Grün haben, die Farbe von Auberginen haben oder kohlrabenschwarz sein, dünn sein, dick, glatt oder rauh. Das Fruchtfleisch ist cremig und umgibt einen ungenießbaren Samenkern. Die Avocado enthält wertvolle, mehrfach ungesättigte Fettsäuren, viele Vitamine der B-Gruppe, das Vitamin E, das so wirksam ist gegen das Altern, Mineralstoffe wie Eisen, Kalzium und Kalium.

Avocados werden fast immer unreif geerntet und werden unreif im Geschäft angeboten. Da Avocados aber nur dann die Fülle ihres Wohlgeschmacks entfalten, wenn sie wirklich reif sind, das heißt, wenn sie sich weich anfühlen und die Schale auf leichten Druck nachgibt, sollte man frisch eingekaufte Avocados in Zeitungspapier einwickeln und ein bis drei Tage bei Zimmertemperatur nachreifen lassen.

Ich selbst liebe die kleinen Cocktail-Avocados aus Israel über alles. Sie haben keinen Stein und können mit ein wenig Salz und Pfeffer aus der Hand gegessen werden, mitsamt der dünnen grünen Haut. Aber leider scheine ich der einzige zu sein, der diese Miniavocados liebt. Denn mein Freund, der Obst- und Gemüsegroßhändler, hat den Import ganz aufgeben müssen, weil niemand diese unbekannten Früchte kauft.

Waren die anderen jungen Gemüse auf unserem Markt, die Paprika und die Aubergine, erstaunlicherweise Beeren, die Artischocke ist eine Distel. Normalerweise nimmt man an, daß Esel Disteln fressen, und das ist schon erstaunlich genug, aber seitdem ich begonnen habe, im Frühjahr Wildsalat zu sammeln, weiß ich, daß auch unsere deutsche Wiesendistel ganz gut schmeckt, wenn man sie früh genug erntet.

Wilde Artischocken habe ich auf Kreta gesehen, einfach so am Straßenrand, und dort werden sie auch von den Bauern geerntet und auf den Markt gebracht. Ob der östliche Mittelmeerraum die Heimat der Artischocken ist, kann man allerdings nur vermuten. Angebaut werden sie jedenfalls in Italien, Spanien, Frankreich und zwar nicht nur im Midi, sondern auch in der Bretagne, in Ägypten, Israel, Algerien, Marokko, Türkei, Iran. Und erstaunlicherweise kann man auch bei uns in Deutschland Artischocken anbauen und ernten. Natürlich braucht es klimatisch besonders begünstigte Gebiete, aber die gibt es in Deutschland z. B. in der Pfalz und nicht nur dort.

Angeboten werden Artischocken auf dem Gemüsemarkt fast das ganze Jahr über. Aus deutscher Ernte kommen sie in den Monaten August, September und Oktober, wobei das Angebot nicht besonders groß ist, in der übrigen Zeit des Jahres kommen sie aus dem Süden. Artischocken sind, obwohl sie doch so robust ausschauen, kein Lagergemüse. Wenn man sie mit Haushaltfolie abdeckt, können sie bei ca. 0 Grad maximal 2 bis 3 Wochen halten. Angetrocknete Blattspitzen sind ein Zeichen dafür, daß sie zu lange aufbewahrt wurden, genauso wie die Verfärbung der grünen Pflanze nach braun. Gegessen wird von der Artischocke vor allem der fleischige Boden, der ein ausgesprochenes Feingemüse ist. Die Hüllblätter haben an ihrem Ende eine fleischige Verdickung, die man genauso wie den Boden essen kann. Die Artischocke ist die Knospe der Artischockenpflanze. Das kann man leicht sehen, wenn man eine Artischocke mit ihrem Stiel in ein Wasserglas stellt und sie aufblühen läßt. Die Blüte ist blau. Aus diesem Grund gibt es Gartenfreunde, die die Artischocke einfach aus Ziergründen in ihrem Vorgarten pflanzen.

Aber zurück zur Artischocke als Gemüse. Sie enthält einmal mehr den Fruchtzucker Inulin, den wir bereits bei der Topinamburknolle erwähnt haben und der die Artischocke für Diabetiker interessant macht. Dann gibt es den Bitterstoff Cynarin, Eiweiß, Kalzium, Eisen, Provitamin A und Vitamin B 1. Die Artischockenböden und das Fleischige der Blätter schmeckt irgendwo zwischen Sellerie und Haselnuß. Der zartbittere Geschmack macht es zu einem Genuß für Feinschmecker.

Die Artischocke ist allerdings auch eine Heilpflanze. Stengel, Blätter und Wurzel enthalten zahlreiche Enzyme, von denen die Cynarase noch in einer Verdünnung von 1:500000 Milch zum Gerinnen bringt. Deshalb wurde früher die Artischocke auch zur Käsezubereitung gebraucht. Das Cynarin wird zu Heilmitteln bei Leberkrankheiten, Gelbsucht, als harntreibendes Mittel, bei bestimmten Nierenkrankheiten, gegen Arterienverkalkung wie auch gegen gewisse Hauterkrankungen verwendet.

Im allgemeinen wird die Artischocke nicht roh gegessen, obwohl dies möglich ist. Die übliche Zubereitung besteht im Kochen der Artischocken in Salzwasser, dann werden die eßbaren Teile der Hüllblätter in Vinaigrette oder Mayonnaise getaucht und ausgelutscht. Zum Schluß entfernt man die innersten zarten Blätter und die Staubgefäße und ißt den Boden als Delikatesse.

Artischockenböden können für sich zu unterschiedlichen Gerichten verarbeitet werden. Sie können abgekocht auch als Unterlage für kleine Salate oder andere Appetithappen dienen.

Artischocke
(lateinisch:
Cynara scolymus)

Peperoni
(Paprika)

Peperonata

2 EL Olivenöl
  2 Zwiebeln, fein gehackt
  8 Peperoni (Paprika), Strunk,
      Kerngehäuse und Samen entfernt, in
      Streifen geschnitten
      Salz, Pfeffer

Das Öl erhitzen, die Zwiebeln darin glasig dämpfen, die Peperonistreifen beigeben, auf kleinem Feuer ¼ Std. köcheln lassen, evtl. ganz wenig Wasser beigeben, würzen.

Peperonata kann man als Belag auf kurz gebratenem Fleisch servieren oder einfach als Beilage zu Fleisch.

Ebenso gut kann man damit getoastete Brotscheiben belegen und – zusammen mit grünem Salat – so ein einfaches, feines vegetarisches Essen zubereiten.

Peperonata mit Fisch

600 g Meerfisch
  1 Zitrone
  1 Prise Salz, Pfeffer
  1 Essiggurke, fein zerschnitten
evtl.
1 EL Kapern

Den Fisch mit der Zitrone beträufeln, ¼ Std. liegen lassen. Über kochendem Salzwasser 10 Min. garen, zerzupfen, pfeffern, evtl. nachsalzen.

Mit der warmgestellten Peperonata vermengen; vor dem Servieren die Essiggurke und die Kapern beigeben. Trockenreis oder Stangenweißbrot dazu servieren.

Den Meerfisch kann man auch ersetzen durch eine Dose (300 g) Thunfisch, den man ebenfalls fein zerzupft und mitsamt dem Öl der Peperonata beigibt.

Peperonata mit Fisch

Kaltes Peperonigemüse (Paprikagemüse)

> 4 – 6 Peperoni, möglichst
> verschiedenfarbig, ohne Strunk und
> Kerngehäuse
> 2 Knoblauchzehen, gepreßt
> 4 EL Olivenöl
> 2 – 3 EL Weißweinessig
> Salz

Die Peperoni werden in einer geölten Auflaufform in den auf höchste Stufe vorgeheizten
Backofen gelegt und ringsum gebraten. Erkal-
ten lassen. Dann enthäutet man sie, schneidet
sie der Länge nach in Streifen und legt sie in eine
Schüssel. Die übrigen Zutaten werden mit dem
Schneebesen gut verrührt und über das Gemüse
gegeben. Einige Stunden im Kühlschrank ziehen
lassen.

Kaltes Peperonigemüse

Gefüllte Peperoni italienisch, Rezept S. 38

Gefüllte Peperoni

Es gibt ungarische, griechische, spanische, türkische, italienische Rezepte für Füllungen, die sich besonders gut für Peperoni eignen. Die Vorbereitung ist immer dieselbe:
Den Stiel so wegschneiden, daß die Frucht (Strunkseite nach unten) gut steht. Oben einen Deckel wegschneiden, Kerngehäuse und Kerne entfernen, waschen, in kochendem, leicht gesalzenem Wasser 5 Min. blanchieren. Dicht an dicht in eine bebutterte Auflaufform stellen und füllen, z. B. mit folgenden Füllungen:

Gefüllte Peperoni türkisch

1. *3 EL Korinthen*
    (evtl. durch Rosinen ersetzbar)
2. *100 ml Olivenöl*
    1 Zwiebel, fein gerieben
    200 g Reis
    5 EL Pinienkerne
    ½ TL Zimt
    2 EL Petersilie, fein gehackt
    1 EL Pfefferminze, fein gehackt
    Salz, Pfeffer
    500 ml Wasser, evtl. etwas mehr
3. *100 ml Olivenöl*
    200 ml Wasser
    Salz

Die Korinthen mit heißem Wasser übergießen und ½ Stunde stehen lassen.
Das Öl erhitzen, die abgeseihten Korinthen und alle Zutaten von 2. beigeben, zugedeckt köcheln lassen, bis das Wasser vom Reis aufgesaugt worden ist (20 Min.). Die Masse in die vorbereiteten Peperoni füllen. Diese in einer gut bebutterten Auflaufform dicht an dicht aufreihen. Mit den Zutaten von 3. übergießen. Im auf 180° C vorgeheizten Backofen 20 Min. dämpfen. Zum Servieren aus der Auflaufform nehmen.
Man kann die Peperoni, auf diese Art gefüllt, auch gut gekühlt servieren. Stangenweißbrot paßt am besten dazu.

Gefüllte Peperoni italienisch

1. *1 EL frische Butter*
    1 EL Olivenöl
    ½ Zwiebel, fein gehackt
    1 Knoblauchzehe, gepreßt
    150 g italienischen Reis (am besten Arborio)
    100 ml trockenen Weißwein
    (am besten Frascati)
    1 Msp. Safran
    400 ml Hühnerbrühe
    50 g Parmesankäse, gerieben
2. *100 g Schinken, gekocht,*
    in Streifen geschnitten
    4 EL Rahm
3. *300 ml Hühnerbrühe*
    1 EL Butter, in Flöckchen zerteilt

Die Butter und das Olivenöl heiß werden lassen, die Zwiebel und den Knoblauch darin andünsten, den Reis beigeben, durchdämpfen, mit dem Weißwein ablöschen, Safran beigeben, schöpflöffelweise Hühnerbrühe beigeben, immer wieder einkochen lassen. Gesamte Kochdauer des Reises: 18 Min. Die Pfanne vom Feuer nehmen, den Käse unter den Risotto mengen. Zugedeckt 3 Min. stehen lassen.
Die Zutaten von 2. daruntermengen. Den Risotto in die wie vorher vorbereiteten Peperoni geben.
Die Hühnerbrühe ringsum gießen, die Butterflöckchen über die Peperoni geben. Im auf 180° C vorgeheizten Backofen 20 Min. dämpfen. Als Garnitur zu kurz gebratenem Fleisch oder Braten oder als Vorspeise (Bild S. 37).

Gefüllte Peperoni ungarisch
(gelbe oder grüne Peperoni verwenden!)

1. 2 EL Olivenöl
   1 Zwiebel, fein gehackt
   1 Knoblauchzehe, gepreßt
   200 g Reis
   400 ml Wasser, evtl. etwas mehr
   Salz, Pfeffer
2. 2 EL Olivenöl
   400 g Rindfleisch, gehackt
   1 EL Paprikapulver
   1 Ei, zerklopft
3. 1 EL Olivenöl
   1 Zwiebel, fein gehackt
   500 g Tomaten, geschält,
   in kleine Schnitze geteilt
   1 EL Petersilie, gehackt
   1 EL Thymian, gehackt
   Salz, Pfeffer

Öl erhitzen, Zwiebel und Knoblauch darin glasig dünsten, Reis beigeben, mitdünsten, mit dem Wasser ablöschen, salzen, pfeffern, zugedeckt auf kleiner Flamme garen (20 Min.)., auskühlen lassen.
Das Öl von 2. heiß werden lassen, das Fleisch darin anbraten. Paprikapulver darüberstäuben. Auskühlen lassen, mit dem gekochten Reis und dem Ei vermengen. Peperoni damit füllen, diese in eine bebutterte Auflaufform stellen.
Das Öl von 3. heiß werden lassen, die Zwiebel darin andünsten, die Tomaten und die Kräuter beigeben, salzen, pfeffern, ¼ Std. köcheln lassen, würzen, durch ein Sieb streichen. Zu den Peperoni geben. Im auf 180° C vorgeheizten Ofen 20 Min. überbacken.
Teigwaren oder Salzkartoffeln passen am besten dazu.

Gegrillte Auberginenscheiben (Eierfrüchte)

1. 1 TL Olivenöl
   2 mittelgroße Auberginen, längs oder quer in 1 cm dicke Scheiben geschnitten
2. Weißweinessig
   Olivenöl
   Salz, Pfeffer
3. 1 Vollmilchjoghurt
   Salz, Pfeffer
   2 Zweige Petersilie, fein gehackt

Die Grillpfanne mit dem Öl bestreichen, heiß werden lassen. Die Auberginenscheiben auf beiden Seiten wie ein Steak braten (Gittermuster). Die Zutaten von 2. dazu auf den Tisch stellen. Jeder bedient sich selbst.
Die Zutaten von 3. miteinander vermengen und – möglichst kühl – ebenfalls zur Selbstbedienung servieren. (Bild S. 40)

Auberginen-Mus (Melinsana Salata)

2 mittelgroße Auberginen
3 EL Olivenöl
2 Knoblauchzehen, gepreßt
1 EL Zitronensaft
1 Zwiebel, fein gehackt (fakultativ)
Salz

Die Auberginen über der Gasflamme oder auf dem Grill braten, bis sie ganz weich und sogar leicht angebrannt sind. Schälen, kleinschneiden, mit den übrigen Zutaten vermengt im Mixer fein pürieren. Als Vorspeise mit Stangen-Weißbrot oder Toastscheiben servieren. (Bild S. 40)

Auberginen (Eierfrüchte)

39

Gegrillte
Auberginenscheiben,
Rezept S. 39

Auberginen-Mus, Rezept S. 39

Türkische Auberginenspeise,

*Auberginen-Pilav,
Rezept S. 43*

Rezept S. 42

Griechisches Mussaka, Rezept S. 42/43

Türkische Auberginenspeise
«Da fiel der Imam um»

1. 4 Auberginen, mittelgroße, Stielansatz
weggeschnitten
200 ml Olivenöl
2. 5 Zwiebeln, halbiert, in Scheiben
geschnitten
5 Knoblauchzehen, gepreßt
5 Zweige Petersilie, fein gehackt
Salz
1 TL süßes Paprikapulver
3. 2 Tomaten, in Scheiben geschnitten
4 Peperoni (Paprika), ohne Strunk,
Kerngehäuse und Kerne, in feine
Streifen geschnitten
1 Peperoncino (scharfe Paprika), ohne
Strunk und Kerne, in feine Streifen
geschnitten
100 ml Wasser
Salz

Die Auberginen der Länge nach so schälen, daß ein möglichst regelmäßiges Streifenmuster entsteht: Einen ca. 1 cm breiten Streifen schälen, einen 1 cm breiten Streifen Schale stehen lassen, bis die ganze Frucht gestreift ist. Mit dem Rüstmesser in die geschälten Streifen tief einstechen. Das Öl erhitzen, die Auberginen ringsum anbraten, in eine mit Öl ausgepinselte Auflaufform legen. In denjenigen geschälten Streifen, der nun zuoberst liegt, einen ca. 4 cm tiefen Einschnitt machen. Mit einem Teelöffel zu einer Mulde vergrößern, indem man das Fruchtfleisch mit ihm in die Aubergine hineindrückt. Die Zwiebel und den Knoblauch im gleichen Öl andünsten, die restlichen Zutaten von 2. beigeben, in die Mulde füllen. Tomaten, Paprika und Peperoncini (3) auf die Auberginen legen, mit dem gesalzenen Wasser umgießen. Im auf 180° C vorgeheizten Ofen 20 Min. dämpfen. Kalt als Vorspeise servieren.
(Bild S. 40/41)

Griechisches Mussaka nach Tante Marta

1. 1,2 kg Auberginen
1 EL Salz
2. 3 EL Olivenöl
3. 2 EL Olivenöl
1 Zwiebel, gehackt
500 g Hackfleisch (am besten Lammfleisch)
1 EL Tomatenpüree
1 EL Wasser
2 EL Petersilie, gehackt
½ TL Muskatnuß, gerieben
½ TL Zimt, gemahlen
2 Lorbeerblätter
50 g Parmesankäse, gerieben
Pfeffer, Salz
4. 2 EL Butter
2 EL Mehl
600 ml Milch
2 Eigelb, verklopft
50 g Parmesankäse, gerieben
Pfeffer, Salz

Die Auberginen der Länge nach vierteln, mit dem Salz bestreut 1 Std. stehen lassen, Wasser abgießen, Gemüseschnitzel kurz mit kaltem Wasser durchspülen, auf Küchenpapier trocknen. Das Olivenöl von 2. erhitzen, die Auberginen beigeben, weichdämpfen.
Das Öl von 3. heiß werden lassen, die Zwiebeln darin glasig dünsten, Hackfleisch beigeben, dünsten, bis das Fleisch hell geworden ist. Tomatenpüree und Wasser miteinander vermengen, beigeben, restliche Zutaten nach und nach beigeben, immer wieder gut durchmischen.
Die Butter von 4. schmelzen, Mehl beigeben, mit dem Schneebesen gut miteinander vermengen. Die Milch erhitzen, nach und nach beigeben, dabei gut durchschwingen, daß eine glatte, sämige Sauce entsteht. Vom Feuer nehmen, Eigelb und Käse darunterziehen, würzen.

Lagenweise Auberginenmus, Fleisch, Sauce in eine bebutterte Gratinform füllen. Zuoberst eine Schicht Sauce. Im auf 180° C vorgeheizten Backofen 45 Min. gratinieren. (Bild S. 41)

Auberginen-Pilav

1. 2 Auberginen, mittelgroß, der Länge nach geviertelt, die Viertel in 1 cm große Stücke zerschnitten
    1 TL Salz
2. 2 EL Olivenöl
3. 2 EL Olivenöl
    500 g Reis, am besten Arborio oder Vialone
    1 l Hühnerbrühe
4. 1 Glas Vollmilch-Joghurt
    1 Knoblauchzehe, gepreßt
    Salz

Die Auberginenschnitzel mit dem Salz bestreuen, gut miteinander vermengen, ½ Stunde stehen lassen. Ausdrücken, mit viel kaltem Wasser durchspülen, auf Küchenpapier trokkentupfen.
Das Öl von 2. heiß werden lassen, die Schnitzel darin weich braten.
Das Öl von 3. erhitzen, den Reis darin dämpfen, mit der Hühnerbrühe ablöschen. Zugedeckt 15 Min. ziehen lassen, dann die Auberginenstücke daruntermengen. Weitere 10 – 15 Min. köcheln lassen. Evtl. nachsalzen. Auskühlen lassen. Die Zutaten von 4. miteinander vermengen. Kühlstellen. Zum Pilav servieren. (Bild S. 41)

Was haben Avocado in einem «Großmutter-Buch» zu suchen? Bei uns sind sie noch nicht lange bekannt. In Ländern, in denen Avocado gedeiht, gibt es hierfür aber überlieferte Rezepte.

Avocado

Kalte Avocadosuppe

1. 2 Avocados
    1 TL Zitronensaft
2. 150 ml herber Weißwein
    2 Becher Vollmilchjoghurt
    (evtl. 200 ml Rahm)
    500 ml Hühnerbrühe, entfettet
    1 Knoblauchzehe, gepreßt
    1 TL Paprikapulver
3. 1 Zweig Thymian, Blätter abgezupft

Die reifen Avocados halbieren, den Kern entfernen, das Fruchtfleisch herauskratzen, mit einer Gabel zerdrücken, mit Zitronensaft beträufeln. Zusammen mit den Zutaten von 2. in den Mixer geben, gut pürieren. Kaltstellen.
Mit den Thymianblättern (3.) bestreuen, servieren. Toast oder frisches Weißbrot dazu servieren.
Kalorienreiche Variante: 1 Becher Joghurt ersetzen durch 200 ml halbsteif geschlagenen Rahm. Diesen erst nach dem Mixen darunterziehen. (Bild S. 44)

*Kalte Avocadosuppe
(Rezept S. 43)*

*Artischocken mit
Saucen (Rezept S. 45)*

44

Artischocken kochen

Man berechnet als Vorspeise pro Person 1 Artischocke. Die untersten, harten Blätter werden entfernt, der Strunk abgeschnitten, die Blattspitzen mit der Schere eingekürzt. Man kocht sie in viel leicht gesalzenem Wasser, dem man etwas Zitronensaft und Butter beigegeben hat. Sie sind gar, wenn sich die Blätter leicht auszupfen lassen.

Anrichten auf einer gut vorgewärmten Platte. Da Artischocken von Hand gegessen werden, Fingerschalen auf den Tisch stellen. Ein Teller, auf dem man die nicht eßbaren Blattreste deponieren kann, gehört in die Mitte des Tisches.

Pikante Artischocken-Sauce

1.   *2 TL Zwiebel, fein gerieben*
½ – 2 TL *Meerrettich, fein gerieben*
     30 g Gorgonzola
2 – 3 TL *Tomatenpüree*
2 – 4 TL *Zitronensaft*
     Salz, Cayenne-Pfeffer, Zucker
2. *100 ml süßen Rahm, steif geschlagen*
     evtl. einige Tropfen Tabasco-Sauce

Die Zutaten von 1. miteinander vermengen, die Zutaten von 2. sorgfältig unterziehen. Kalt servieren.

Vinaigrette-Sauce zu Artischocken

1.   *1 Pr. Salz*
    ½ TL *milden Senf*
2 – 3 EL *Weißweinessig oder Zitronensaft*
2.
4 – 5 EL *Olivenöl*
    ½ *Zwiebel, fein gehackt*
3.   *1 – 2 Eier, hart gekocht, grob gehackt*
    1 kleine Essiggurke, fein geschnitten
    2 Zweige Petersilie, fein gehackt

Die Zutaten von 1. miteinander verrühren, bis sich eine homogene Masse gebildet hat. Die Zutaten von 2. beigeben, mit dem Schneebesen tüchtig schwingen, bis die Sauce dicklich (emulgiert) ist. Die Zutaten von 3. beigeben.

Knoblauch-Sauce zu Artischocken

1.   *2 EL Zitronensaft*
    1 – 2 Knoblauchzehen, gepreßt
    2 Eigelb von hartgekochten Eiern,
    fein zerdrückt
2.
  200 ml Olivenöl
3.
 1 – 2 EL Paniermehl
    Salz, Pfeffer

Die Zutaten von 1. zu einer glatten Sauce verrühren. Dann das Öl tropfenweise dazugeben, dabei mit einem Kaffeelöffel rühren (die Sauce wird so schneller homogen und dicklich). Die Zutaten von 3. daruntermischen.
(Bild S. 44)

Fruchtgemüse

Gurken, Zucchini (Zucchetti)

Gurken

Es gibt einen Duft, der für mich wie kein anderer mit der Vorstellung Frühling verbunden ist: Gurkensalat. Wenn Mutter für den Sonntag, natürlich für den Sonntag, die erste Salatgurke gekauft hatte, wußte ichs, irgendwann im März, so kurz vor Ostern, dann duftete es morgens schon nach Gurkensalat. Und es war zugleich ein Signal eben für Frühling und für Sonntag.

Ich glaube, meine Mutter hat Gurken ebenso gern gegessen wie ich. Gurkensalat. Angemacht mit Sahne und mit einem Hauch Senf, Salz, Pfeffer und gehobelt in ganz, ganz feine Scheiben. Im Sommer kam noch ein wenig frisches Dillgrün darüber.

Irgendwann gab es dann keinen Gurkensalat mehr. Mutter hat ihn nicht mehr vertragen, wie sie sagte. Natürlich hat sie dann und wann für mich noch welchen gemacht, weil ich ihn doch so gern esse, aber das war eben nicht mehr dasselbe.

Und dann eines Tages gab es wieder Gurkensalat, wie früher: Mutter hatte von einer Freundin einen speziellen Trick erfahren. Beim Kartoffelkochen drehte sie den Deckel des Kochtopfs um, stellte die Schüssel mit den fein gescheibelten Gurken obendrauf, deckte das Ganze zu und nahm es nach einer Viertelstunde wieder herunter. Jetzt wurde der Gurkensalat angemacht, er war noch ein bißchen warm meistens und schmeckte für mich unverändert. Mutter aber schwor, jetzt mache ihr der Gurkensalat nichts mehr aus. Keine Rülpserle und so.

Mutter hatte Gurken in ihrem Garten, Gugumere wie sie sie nannte. Zwei Sorten hat sie gezogen. Salatgurken und kleine Gurken zum Einmachen, süßsauer, zum Wurstbrot im Winter: fein!

Mutter hat die kleinen Gurkenpflanzen beim Gärtner gekauft und nach den Eisheiligen in ihren Garten gesetzt. Der Gärtner hat sie im April unter Glas ausgesät. Der Boden mußte schon recht warm sein, damit sie gepflanzt werden konnten, denn die Gurken sind sehr wärmeliebend. Und darum ist auch ihr Anbau im Gewächshaus dem Anbau im Freiland vorzuziehen, was die niederländischen Gemüsebauern ja hervorragend wissen. 25 Grad sollte die Temperatur im Treibhaus mindestens haben und eine gehörige Luftfeuchtigkeit sollte so eine Art Waschküchenatmosphäre schaffen. Dann ist das Ergebnis entsprechend groß.

Mutter hatte natürlich kein Gewächshaus, und in feuchten Jahren wurden ihre Gurken halt nichts. Mutter trug's mit der Gelassenheit der Bauern, die um die Hinfälligkeit menschlichen Tuns wissen.

Aber wenn der Sommer schön warm war, dann hatten wir diese wunderbaren Gemüsegurken, die ich noch allemal den Schlangengurken aus Holland vorziehe. Auch wenn es im Frühjahr und im

Winter keine Alternative gibt, aber im Juli und August und auch im September hat mein Gemüsehändler immer neben den Einheitsgurken eine Kiste mit Bauerngurken stehen. Kurz, dickbäuchig
und dort, wo sie auf der Erde gelegen waren, mit weißer Haut. Sie enthalten viele Kerne, müssen
ausgehöhlt werden. Man kann sie mit Hackfleisch füllen, was sehr fein schmeckt, man kann sie aber
genauso gut hauchdünn hobeln, das gibt dann halbmondförmige Scheibchen. Sie schmecken kräftiger als die Schlangengurken. Leider können sie aber auch bitter sein. Die Gurke schützt sich nämlich gegen das Angeknabbertwerden durch Feldmäuse und ähnliches Getier, indem sie in den Spitzen ihrer Früchte, die übrigens botanisch genau betrachtet Beeren sind, Bitterstoffe entwickelt. Und
so eine bittere Gurke kann einen ganzen Salat verderben. Also hat meine Mutter mir rechtzeitig bei-
gebracht, bevor ich so eine Bauerngurke verarbeite, die Spitze bzw. vor allem das erste Stück vor
dem Stengelansatz abzuschneiden und zu probieren. Das erspart einem meist unnötige Arbeit und
Ärger noch dazu mit einem verdorbenen Salat.
Aber kehren wir noch einmal zum Anbau von Gurken zurück. Daß sie sehr anspruchsvoll sind an
ihren Standort, haben wir schon angedeutet. Sie wollen einen sehr nährstoffreichen Boden und zwar
bis zu einer Tiefe von einem halben Meter. Reife Komposterde, verrotteter Stallmist können diese
Vorbedingung schaffen. Der Boden muß locker sein. Sie wollen ständig feucht haben, aber das Wasser darf keinesfalls stehen. Man darf sie niemals mit leitungskaltem Wasser gießen. Das Wasser sollte die Temperatur der Außenatmosphäre haben. Sie lieben den Mischanbau mit Fenchel, Knoblauch, Kohl, Salat, Sellerie, Stangenbohnen oder Zwiebeln, was sie als Nachbarn nicht lieben sind
Tomaten, Radieschen und Rettich.
Haben die Gurkenpflanzen eine gewisse Größe erreicht, dann sollte man ihre Triebspitzen abbre-
chen, damit die Kraft in den Fruchtansatz der Seitentriebe geht. Je früher man Gurken erntet, desto
geringer ist die Gefahr, daß sie bitter sind.
Gurken lassen sich bei einer Temperatur von 10 bis 12 Grad ohne Qualitätsverlust ein bis zwei
Wochen lagern.
Im Alten Testament, im Buch Numeri, wird von den Israeliten erzählt, die Moses aus Ägypten her-
ausgeführt hat und die nun eine Generation lang durch den Sinai zogen, denn keiner von denen, die
aus Ägypten kamen, sollte das gelobte Land Kanaan sehen. Wahrscheinlich waren die ägyptischen
Israeliten in dem Hochkulturland Ägypten so verwöhnt worden, daß sie untauglich waren für die krie-
gerische Landnahme im verheißenen Palästina. Und eben dieser Abschnitt im Buch Numeri erzählt
dann: «... da fingen die Israeliten wieder zu klagen an und sprachen, wer wird uns Fleisch zu essen
geben, wir denken an die Fische, die wir in Ägypten umsonst zu essen bekamen und an die Gurken
(!), die Melonen, den Lauch, die Zwiebeln und den Knoblauch.»
1 200 Jahre vor Christus war das. Und damals aß man offenbar in Ägypten Gurken. Aus Indien waren
sie herübergewandert, durch den ganzen fruchtbaren Halbmond. Und sie verbreiteten sich weiter
über das ganze Mittelmeergebiet.
Die Römer haben Salat daraus gemacht, aber auch ein offenbar sehr feines Gemüse mit vielen
Gewürzen und Eiern, mit Honig und Weinessig und «Liquamen». Wissen Sie, was Liquamen ist?
Nein? So ganz sicher ist es nicht. Aber wann immer man Rezepte aus der Römerzeit liest, immer
kommt dieses Liquamen drin vor. Es muß so eine Art römische Worcestersauce gewesen sein, hergestellt aus verdorbenen Fischen.

Bei Karl dem Großen tauchen die Gurken zum ersten Mal als Cucumeres in einem Verzeichnis auf. Gurkensamen wurden von den Archäologen fast ausschließlich in Osteuropa und Ostdeutschland gefunden, und man ist tatsächlich geneigt, die Gurke als ein typisches slawisches Fruchtgemüse anzusehen. Dies gilt auch von den Wenden in der Lausitz, die die schönsten Gurken für die Versorgung des Berliner Marktes zogen und wohl auch heute noch ziehen.

Während meine Mutter die Gurken süßsauer gekocht und dann sterilisiert hat, werden sie im Osten in Salz eingelegt. Meerrettichstückchen kommen dazu, Pfefferkörner, Senf und Dill. Sie werden durch Milchsäuregärung wie Sauerkraut konserviert und schmecken entsprechend sauer, weil durch die Gärung der Zucker der Gurken sich in Milchsäure verwandelt.

Diese sauren Gurken spielten in den heißen Sommermonaten in der Ernährung vor allem bei der einfacheren Bevölkerung eine hervorragende Rolle. Daraus hat sich der Begriff «Saure Gurkenzeit» für die ereignislosen Monate Juli und August entwickelt.

Also die Gurke oder Salatgurke, lateinisch Cucumis sativus, englisch cucumber, französisch Concombre, liegt nach Tomaten, Kohlgewächsen und Zwiebeln an vierter Stelle der meistangebauten Gemüsearten der Welt. Der größte Erzeuger ist China, gefolgt von den Ländern der ehemaligen UdSSR, Japan, der Türkei, den USA, Rumänien und den Niederlanden. Außerdem in Europa Griechenland, Spanien, Italien, Frankreich, Belgien und Deutschland.

Die alte Bundesrepublik hat im Jahr 1987 aus EG-Ländern 265000 Tonnen Salatgurken importiert. Davon allein aus den Niederlanden 205000 Tonnen.

Ein überaus interessantes Phänomen bei den Gurken ist, daß sie sowohl weibliche Blüten haben können, vorwiegend weibliche Blüten und gemischte männliche und weibliche Blüten. Das Wissen um die Blüten der jeweiligen Gurkensorte ist natürlich für den Gärtner wichtig, denn nur wenn die weiblichen Blüten auch bestäubt werden, bringen sie auch Früchte, sprich Gurken – denkt man.

Nun gibt es bei den Gurken und die werden von den Gurkenbauern bevorzugt, rein weiblich blühende, sogenannte parthenokarpe Sorten. Parthenos, das ist die Jungfrau. Und die weiblichen Blüten dieser Sorte brauchen keine Bestäubung, entwickeln dennoch Gurken, die aber keine Samen enthalten, was hinwiederum dem Konsument ja nur recht ist. Natürlich können diese Blüten trotzdem bestäubt werden und Samen entwickeln, denn wie ließen sie sich sonst aussäen.

Die Gurkenpflanze ist ein einjähriges, sehr frostempfindliches Gewächs. Ihre Triebe kriechen am Boden oder klettern an Draht oder Gerüsten. Die Salatgurken werden 40 cm lang und ca. 10 cm dick. Die heute angebauten Sorten sind alle bitterstofffrei.

Der Ernährungswert der Gurken ist ganz, ganz hoch. Einerseits enthalten sie 96 bis 97 % Wasser, haben damit 8 kcal auf 100 g Fruchtfleisch, was von keinem anderen Gemüse unterboten wird, noch nicht einmal von den Spargeln. Trotzdem haben sie einen sehr hohen Gehalt an Mineralstoffen, u. a. Kalium, Kalzium, Phosphor, Eisen, sie enthalten Kohlenhydrate und Eiweiß, die Vitamine B 1 und C, sowie das Provitamin A.

Sie sind harnsäurelösend und wassertreibend und sie enthalten ein Ferment, das nun tatsächlich (im Gegensatz zum Topinambur) dem Insulin, dem Wirkstoff gegen die Zuckerkrankheit, verwandt ist. Insofern hat die Gurke einen ganz hohen diätetischen Wert. Schließlich ist im Gurkensaft ein Wirkstoff, durch den die Durchblutung der Haut gefördert wird, was die Verwendung der Gurke in der Kosmetik bedingt. Gurkensaft wirkt auf die Haut erfrischend, zusammenziehend und bleichend, was für Menschen mit Sommersprossen höchst interessant ist.

Vielfältig sind die Verwendungsmöglichkeiten der Gurke, sowohl roh: als Scheiben aufs Butterbrot, als Salat, mit und ohne Tomaten und Zwiebeln, als auch geschmort mit Fleischfüllung, als Gemüse mit Tomaten, als Ratatouille, überbacken, als Suppe oder Gurkenkaltschale.

Zucchini (Zucchetti)

Gekocht hat meine Mutter Zucchini noch, aber im Garten angepflanzt hat sie sie nicht mehr. Meine Mutter starb 1964, und dies dürfte auch in etwa der Zeitpunkt gewesen sein, zu dem unsere Kleingärtner die Zucchini als überaus fruchtbare Gemüsepflanze entdeckt haben. Das hat dazu geführt, daß viele Kleingärtner heutzutage gar nicht mehr wissen, wohin mit dem Segen. Vor allem weil mit der Größe der Produktion keinesfalls die Verwendungsmöglichkeiten zunahmen. Italienische Gastarbeiter haben die Zucchini oder Zucchetti, wie sie sagen, von daheim mitgebracht. Deutsche Hausfrauen haben die Zucchini geschnitzelt und mit Tomaten, Paprika, Zwiebeln zu einem sommerlichen Mischgemüse verarbeitet. Und so hat es auch meine Mutter gemacht und so hat es meine Tante Rosa gemacht, die jüngste Schwester meiner Mutter, die mit einem Fernmeldetechniker verheiratet war, der in den oberitalienischen Städten Telefonämter baute.

Eines Tages war ich bei meinem Freund Bubi und seiner Frau Jeanette zum Essen eingeladen. Jeanette brachte in einer gußeisernen Pfanne ein wunderbares Gemüsegericht: hauchdünne grüne Gemüsescheiben, mit duftendem Käse vermischt und zu einer braunen Kruste angebraten.

«Jeanette, was ist das Herrliche, was du da gezaubert hast?»

«Zucchini.»

«Aber wie, aber wie hast du das gemacht?»

«Ich habe eine dicke Zucchini geschält, halbiert, die Kerne entfernt und ganz dünn gehobelt. Dann habe ich Schweineschmalz in dieser Eisenpfanne schmelzen lassen und die Zucchini mit sehr viel Salz dazugegeben. Die Zucchini fallen zusammen. Darum brauchst du entweder eine sehr große Zucchini oder mehrere. Sie ziehen Saft. Wenn er verdampft ist, gib viel Parmesankäse darunter. Und jetzt kommt es darauf an. Du mußt die Zucchini braten lassen bis an den Punkt unmittelbar vor dem Anbrennen. Dann sind sie richtig. Weißbrot dazu und Rotwein. Am besten Barbera.»

Und das war der Beginn einer Entdeckung. Kathrin, der ich etwas später zum ersten Mal begegnete, wußte viele weitere Zucchini-Rezepte, eines besser als das andere. Und dann passierte mir dies: Ich stand in einem Lebensmittelgeschäft und wollte einkaufen. Da kam eine Dame auf mich zu und sagte: «Oh, Herr Feißt, Sie machen doch die Sendung ‹Was die Großmutter noch wußte› zusammen mit Kathrin Rüegg. Sie wissen doch ganz bestimmt, was man mit Zucchini machen kann. Sie sind gegenwärtig so billig.»

Ich hab mit Kathrin darüber geredet. Wir haben im Sommer 1993 eine Zucchini-Sendung produziert, hatten eine Menge Zuschauer und mußten fast 40 000 Rezeptblätter verschicken. Also ging es anderen Zuschauern genauso wie der Dame, die mich beim Einkaufen angesprochen hatte. Und das Ganze hat sich wiederholt, als wir im Sommer 1994 die Sendung noch einmal ausgestrahlt haben.

51

Zucchini sind eigentlich Kürbisse. Im Italienischen heißt Kürbis Zucca und die Endungen «ini» oder «etti» sind nichts anderes als sogenannte Diminutive, d. h. Verkleinerungssilben. Wie bei uns «le» und «lein», also Zucchini = Kürbisle. Sie heißen auch Gemüsekürbis, Gurkenkürbis, Courgette, die Franzosen sagen nämlich so und die Engländer auch. Lateinisch heißen sie curcurbita pepo var. giromontiina.

Daß sie mit dem Kürbis verwandt sind, sieht man deutlich an den gelben Blüten, die sich von den Blüten des Kürbis nicht unterscheiden lassen. Diese Blüten kann man füllen, z. B. mit Hackfleisch, und dann sind sie eine Delikatesse.

Die Zucchini stammen wie die meisten Kürbissorten aus den Ländern am Golf von Mexiko. Sie sind Abkömmlinge eines Riesenkürbis, der dort daheim ist. Hauptanbaugebiete sind Italien, Frankreich, Spanien, Israel. Aber seit den 70er Jahren beginnt zunehmend der deutsche Anbau an Bedeutung zuzunehmen.

Zucchini kann man das ganze Jahr über kaufen. Die meiste Zeit, nämlich von Februar bis Juli und von September bis Dezember, kommen sie aus Italien, von Januar bis Mai und von November bis Dezember aus Spanien, von Mai bis Oktober aus Frankreich, von Mai bis September aus den Niederlanden, im April, Mai, Juli und dann wieder im November kommen sie aus der Türkei.

Sie werden halbreif geerntet, vor allem weil der Handel Zucchini mit einer Größe von 15 bis 20 cm bevorzugt. Die Riesenzucchini aus unseren Kleingärten sind höchstens auf dem Bauernmarkt absetzbar. Die Früchte auf dem Markt sollen darüber hinaus höchstens leicht gebogen sein, nach Möglichkeit aber gerade gewachsen, mit Stiel, frisch, fest, gesund, ohne Makel. Sie halten im Gemüsefach des Kühlschranks bei 7 bis 10 Grad C zwei bis drei Wochen. Ist die Temperatur niederiger, werden sie weich und verderben. Sie sind empfindlich gegen Äthylen, deshalb nie mit Obst zusammen aufbewahren.

Zucchini enthalten Kohlenhydrate, Eiweiß, Kalzium, Phosphor, Eisen, Provitamin A und Vitamin C. Mit 25 kcal haben sie verhältnismäßig wenig Brennwert, sie sind leicht verdaulich und bekömmlich.

Man kann junge Zucchini roh zu Salat verarbeiten, vor allem die größeren Zucchini kann man kochen, schmoren, dünsten, mit Kräutern und Gewürzen in Olivenöl braten oder schwimmend im Fett ausbacken.

Im Hausgarten wollen die Zucchini einen sonnigen, windgeschützten Platz, der möglichst nährstoffreich ist. Wie Kürbisse gedeihen Zucchini hervorragend am Südrand eines Komposthaufens.

Ab April kann man die Zucchini-Pflänzchen auf der Fensterbank aus Samen aufziehen oder bei warmem Wetter ab Mitte Mai ins Freiland säen, z. B. auf den Komposthaufen. Zu diesem Zeitpunkt kann man aber auch die auf der Fensterbank vorgezogenen Pflänzchen ins Freiland setzen. Wachsen sie auf dem Komposthaufen, brauchen sie keine weitere Düngung. Nur gießen muß man sie bei trockenem Wetter gehörig. Auch das ist beachtenswert: Je mehr Zucchini man möglichst klein erntet, desto mehr Früchte setzt die Pflanze an.

Gurken

*Gefüllte Gurken,
Rezept S. 54*

*Gedämpfte Gurke
mit Rauchlachs,
Rezept S. 54*

53

Gefüllte Gurken (eignet sich auch für Zucchetti)

Gekaufte Gurken soll man schälen (Spritzmittel!). Gurken können – besonders am Stielende – bitter schmecken. Man schneidet ein Stückchen ab und kostet es. Evtl. wegschneiden.

1. 3–4 Gurken, der Länge nach halbiert, die Kerne mit einem Löffel ausgekratzt, mit wenig Salz bestreut
2. 3 Brötchen, in kleine Würfel geschnitten
   100 ml Milch, evtl. etwas mehr, wenn die Brötchen schon altbacken sind
3. 1 EL Butter
   ½ Zwiebel, gehackt
   1 Lauchstengel, in feine Streifen geschnitten
   1 EL frischen oder
   1 TL getrockneten Majoran, fein gehackt
4. 50 g Schinken, gekocht, in feine Streifen geschnitten
   1–2 Eier, verklopft
   3–5 EL Joghurt oder Rahm
   Salz, Pfeffer, Muskat
5. 300 ml Hühnerbrühe
   1 EL Butter

Die Brötchen (2.) mit der kochenden Milch übergießen. Zugedeckt stehen lassen. Mit einer Gabel zerdrücken.
Die Butter (3.) schmelzen. Die Brötchenmasse und die übrigen Zutaten von 3. beigeben, dämpfen, etwas auskühlen lassen.
Die Zutaten von 4. beigeben, würzen.
Die Füllung auf die Gurkenhälften mit flachem Boden geben, glattstreichen, die zweiten Hälften darauflegen, die Gurken zusammenbinden oder mit zwei bis drei Zahnstochern zusammenheften. In eine bebutterte Auflaufform geben, die Brühe (5.) dazugießen, mit den Butterstückchen belegen. Im auf 180° C vorgeheizten Backofen 1 Std. dämpfen.
Zum Servieren Hölzchen oder Schnur entfernen. Polenta paßt am besten dazu.

(Bild S. 53)
Gedämpfte Gurke mit Rauchlachs
(schwedische Art)

Gekaufte Gurken soll man schälen (Spritzmittel!).

1. 3 EL Weißwein
   1 EL Zitronensaft
   2 EL Sonnenblumenöl
2. 2–3 Gurken, längs halbiert und in 5 cm lange Stücke geschnitten
   Salatblätter
3. 100 g Rauchlachs, in Streifen geschnitten
   1 Ei, hart gekocht
   1 EL Petersilie oder Dill, fein gehackt
4. 100 ml Rahm
   1 TL Meerrettich, geschält, fein gerieben
   Salz

Die Zutaten von 1. erhitzen, die Gurkenstücke darin 2–3 Min. dämpfen, im Saft auskühlen lassen, abtropfen. Nebeneinandergereiht auf schöne Salatblätter legen, den Rauchlachs darauf geben, mit den übrigen Zutaten von 3. überstreuen.
Den Rahm steifschlagen, den Meerrettich beigeben, salzen. Damit die Gurkenstücke garnieren.
Mit Stangenweißbrot oder Toast und Butter als Vorspeise servieren. (Bild S. 53)

Zucchetti-Konfitüre

1. 1 kg *Zucchetti, mit der Schale auf der Röstiraffel gerieben*
    5 EL *Zitronensaft*
    3 TL *Ingwerpulver oder*
    1 – 2 *daumengroße Stücke frischen Ingwer, geschält, gerieben*
            abgeriebene Schale einer Zitrone
    1 TL *Zitronensäure*
2. 1 kg *Gelierzucker oder 1 kg Zucker und 1 Geliermittel ohne Zitronensäure*

Die Zutaten von 1. gut miteinander vermengt 20 Min. köcheln. Die Zutaten von 2. darunterrühren, 4 – 6 Min. sprudelnd kochen. Heiß in mit heißem Wasser ausgespülte Marmeladengläser abfüllen. Sofort verschließen. Auf den Kopf gestellt auskühlen lassen.

Zucchetti-Ragout mit Pilzen

1. 1 EL *Olivenöl*
    1 *Zwiebel, grob gehackt*
    1 *Knoblauchzehe, gepreßt*
    500 g *Zucchetti, in 1 cm große Würfel geschnitten*
    5 *Tomaten, in Schnitze geschnitten*
2. 400 g *Champignons, blättrig geschnitten*
3. ⅛ l *herben Weißwein*
        Salz, Pfeffer
    1 *Zweig frische Oreganoblätter, fein geschnitten, oder*
    1 TL *getrockneten Oregano*
    200 ml *Rahm*

Das Öl heiß werden lassen, Zwiebel und Knoblauch darin andämpfen. Zucchetti beigeben, 5 Min. dämpfen, dann die Tomaten beigeben, weiter köcheln, bis die Flüssigkeit fast verdampft ist.

Pilze von 2. beigeben, 10 Min. mitschmoren lassen. Die Zutaten von 3. beigeben, alles nochmals gut erhitzen. Mit Trockenreis oder Stangenweißbrot servieren. (Bild S. 57)

Zucchetti-Blüten-Küchlein

1. 150 g *Mehl, gesiebt*
    200 ml *Bier oder Mineralwasser*
    1 EL *Sonnenblumenöl*
    1 TL *Salz*
2. 1 *Eiweiß, steifgeschlagen*
3. 1 l *Fritieröl*
4.
    10 – 15 *Zucchetti-Blüten, der Länge nach aufgeschnitten, so daß sie am Stiel noch zusammenhängen*
5.
    3 – 4 EL *Puderzucker*

Die Zutaten von 1. miteinander gut vermengen. Das Eiweiß von 2. darunterziehen. Das Fritieröl auf 180° C erhitzen. Die Blüten in den Ausbackteig tauchen. Portionenweise sofort ins Öl geben und goldgelb ausbacken. Auf einem Küchenpapier entfetten. Mit Puderzucker bestreut servieren.

Zucchetti «Froda»

Dieses Rezept eignet sich besonders gut für große Zucchetti. Solange die Kerne noch weich sind, kann man sie mitsamt diesen verwenden. Die (hart gewordene) Haut muß man dann aber abschälen.

1. 2 EL *eingesottene Butter (Butterfett)*
    1 kg *Zucchettischeiben oder -ringe, 1 cm dick geschnitten*
2. 3 EL *frische Rosmarinnadeln*
        Salz
    200 ml *Rahm*

Zucchetti-Kuchen, Rezept S. 58

Die Butter in 2 – 3 Bratpfannen schmelzen (evtl. portionenweise arbeiten), die Zucchettischeiben so in die Pfanne legen, daß jede den Boden berührt. Ca. 10 Min. auf jeder Seite auf kleinem Feuer braten. Die Ränder sollen ganz leicht braun werden. Alles Gemüse in eine Pfanne geben, Rosmarin darüberstreuen, salzen, Rahm beigeben. Zugedeckt ca. 5 Min. durchdünsten. Zu Teigwaren, Salz- oder Bratkartoffeln servieren. (Bild S. 57)

Zucchetti-Schiffchen

1. 2 EL Mehl
   100 ml Milch
       1 Ei, verklopft
      50 g Schinken, gekocht, gehackt
      20 g Parmesan-Käse, gerieben
       ½ Glas Joghurt
          Salz, Muskat
2. 2 mittelgroße Zucchetti, der Länge
          nach aufgeschnitten
   1 TL Salz
3. 3 EL Butter
   200 ml Hühnerbouillon

Das Mehl mit der Milch verrühren, aufkochen, vom Feuer nehmen, etwas abkühlen lassen, die restlichen Zutaten von 1. dazurühren.

Die Zucchetti mit einem Kaffeelöffel auskratzen. Sofern die Kerne noch weich sind, diese fein hacken, zur Füllung geben.

Die Schiffchen, mit Salz bestreut, in eine bebutterte Auflaufform legen, aufgeschnittene Seite nach oben. Die Füllung darauf verteilen, glattstreichen, mit Butterflöckchen bestreuen, die Bouillon dazugießen.

Im auf 180° C vorgeheizten Ofen 30 – 40 Min. überbacken.

Polenta oder in der Schale gekochte Kartoffeln dazu servieren. (Bild S. 57)

Zucchetti «Froda», Rezept S. 55/56

▲ *Zucchetti-Schiffchen, Rezept S. 56*　　▼ *Zucchetti-Ragout, Rezept S. 55*

Zucchetti-Kuchen

1.   6 Eigelb
150 ml Sonnenblumenöl
200 –
250 g Zucker (am besten braunen Zucker!)
2. 100 g Orangeat und Zitronat, fein gewürfelt
        ausgekratzte Kerne einer
        Vanilleschote oder
   1 EL Vanillezucker
   2 EL weißen Rum
1 gestr.
    TL Zimt
1 Msp. Kardamom
1 Msp. Nelkenpulver
½ TL Salz
500 g Zucchetti, mit der Schale, auf der
      Röstiraffel gerieben
3. 300 g Weißmehl
1 gestr.
    EL Backpulver
1 gestr.
    EL Natron
4.   6 Eiweiß, steif geschlagen

Die Zutaten von 1. miteinander schaumig rühren.
Die Zutaten von 2. der Reihe nach daruntermengen.
Die Zutaten von 3. darübersieben und daruntermengen.
Zuletzt den Eischnee (4.) sorgfältig unterheben und sofort in einer ausgebutterten, mit Paniermehl bestreuten Springform, ∅ 24 cm, im auf 180° C vorgeheizten Backofen 70 Min. backen. Ofentüre nicht öffnen!! (Bild S. 56)

Gedeckter Zucchetti-Kuchen süß

1. Teig
150 g Butter, geschmolzen
      (aber nicht warm!)
½ TL Salz
100 –
150 g Zucker
      abgeriebene Schale einer Zitrone
1 – 2 Eier
1 Msp. Zimt
2. 250 g Weißmehl
1 Msp. Backpulver

3. Füllung
   2 EL Butter
   6 EL Grieß
150 g Zucker
   1 kg Zucchetti,
      auf der Röstiraffel gerieben

Die Zutaten von 1. der Reihe nach miteinander vermengen. Die Zutaten von 2. darübersieben, alles zu einem glatten Teig kneten, kühl stellen.
Die Butter von 3. heiß werden lassen, das Grieß darin hellgelb rösten, die restlichen Zutaten darunterziehen, 5 Min. durchdämpfen.
Den Teig teilen. Zu zwei runden Fladen auswallen. Einen Teil in eine bebutterte Springform geben, am Rand hochziehen. Mit einer Gabel einstechen.
Die Zucchettifüllung daraufgeben, mit dem zweiten Teigblatt zudecken, mit einer Gabel Muster einstechen.
Im auf 180° C vorgeheizten Ofen 30 – 40 Min. backen.

Blatt- und Stielgemüse

Spinat, Mangold, Guter Heinrich

Wenn Sie unser Buch bis hierhin aufmerksam gelesen haben, dann ist Ihnen sicher aufgefallen, wieviele Gemüse unseren Vorfahren noch gar nicht bekannt waren. Denken Sie einmal allein an all die Gemüsesorten, die die Spanier aus Amerika gebracht haben: Kartoffel, Tomate, Bohne, Kürbis usw. Aber auch ein scheinbar so selbstverständliches Gemüse wie der Spinat hat in unseren Gärten und Kochtöpfen seine Geschichte. Im ganzen ist es kein Wunder, daß die germanischen Völker, das heißt die Völker Mitteleuropas, Westeuropas und Nordeuropas, im wesentlichen Fleischesser waren, während die Kulturvölker des Mittelmeerraums sich doch bevorzugt von Brot, Öl und Gemüse ernährten. Beim Aufeinanderprallen der beiden Kulturen, bei der Südwanderung der germanischen Völker, bei der Eroberung des Römischen Reiches kam ein regelrechter Austausch zustande. Die Römer und die von der römischen Kultur geprägten Völker übernahmen das Fleischessen, während die Germanen die Gemüse entdeckten, das Brot, das Öl und den Wein. Dazu trug auch die neue Religion bei, das Christentum mit seiner Vergöttlichung von Brot und Wein.

Nehmen wir aber nun einmal den Spinat, der für uns so selbstverständlich in unseren Speiseplan gehört. Er war wahrscheinlich vor dem Jahr 1000 bei uns überhaupt nicht bekannt. Es gibt zwei Theorien, wie er zu uns gekommen sein könnte: Einmal durch die Mauren, die arabischen Eroberer Spaniens, die im 8., 9. und 10. Jahrhundert ihre dem Abendland weit überlegene Kultur auf die spanische Halbinsel gebracht haben und damit auch eine Fülle von Kulturpflanzen, die im Frankenland unbekannt waren. Nun zog die hohe Kultur der Mauren, aber auch die gleichzeitige Hochblüte jüdischer Kultur in Toledo, Sevilla, Cordoba, Granada Nordeuropäer an. Studenten aus Frankreich und Deutschland studierten zum Beispiel an der Universität Salamanca, und die nahmen die Kenntnis auch von Gemüsen, die sie essen und schätzen gelernt hatten, mit nach dem Norden. Sicherlich auch ein Säcklein mit dem Samen als Mitbringsel für die Mutter oder die Freundin.

Andersherum, der jüdische Händler aus Toledo, der im Norden Waffen verkaufte, die trefflichen Klingen aus den Schmieden Toledos, hatte das Säcklein mit dem Spinatsamen dabei als Geschenk für die Schloßherrin, für die Frau des Kunden.

Oder Pilger nach Santiago de Compostela brachten den Samen als Reisemitbringsel mit.

Andere sagen, die Kreuzfahrer seien es gewesen, die den Spinat mit manch anderem Erzeugnis arabischer Kultur nach Deutschland gebracht hätten.

Jedenfalls in einem Kräuterbuch von 1543 steht: «Spinat oder Spinet würdt auch Bünytsch genent

Spinat

59

... auff arabisch hispanach ... als Hispanisch kraut, vielleicht darumb das es auß Hispania erstlich in ander nation ist gebracht worden.»

Auf Hochdeutsch also: Es heißt spanisches Kraut, weil es zuerst aus Spanien in andere Nationen gebracht worden ist.

Und im 16. Jahrhundert stellt dann ein Kräuterbuch fest, daß der Bünytsch in der Küche weit verbreitet sei und zu den «besten und lieblichsten Gemüsen» gehört.

Bei seiner Verbreitung in Deutschland verdrängte der Spinat allerdings andere Gemüse, die längst bekannt waren, wie z.B. die Gartenmelde oder den Guten Heinrich, über den wir auch noch kurz schreiben werden.

Nun möchte man meinen, der Spinat sei vielleicht ein arabisches Gemüse. Aber dem ist auch nicht so. Die beiden nächsten wilden Verwandten unseres kultivierten Spinats sind in Mittelasien daheim. Der eine wächst am Kaukasus in steiniger Steppe und der zweite auf den lößbedeckten Vorbergen das Karakorum.

Beide Wildformen sind eigentlich Unkräuter. Der kultivierte Spinat hat seinen Schwerpunkt in Afghanistan. Somit müssen die Araber bei ihren Eroberungszügen des 7. und 8. Jahrhunderts den Spinat aus Mittelasien mitgebracht haben.

Bei der heiligen Hildegard (die meines Wissens allerdings den Spinat noch nicht gekannt hat) gibt es den Begriff der Grünheit. Diese Grünheit meint die Lebenskraft, aus der Pflanzen wie Tiere und Menschen existieren und die es zu erhalten gilt (das hat natürlich mit unserem politischen Begriff «Grün» nichts zu tun, böte sich aber den Grünen durchaus als Verständnis für ihre Politik an).

Für mich ist der Spinat Ausdruck und Symbol der Grünheit, nicht nur weil seine dreieckigen oder eirunden, gepfeilten oder schaufelförmigen fleischigen Blätter so intensiv grün sind. Der Volksmund sagt, Spinat ersetze eine ganze Apotheke. Und in der Tat, Spinat ist reich an lebenswichtigen Mineralstoffen und Vitaminen. Bis 155 mg auf 100 g Blätter kann Spinat Vitamin C enthalten. Dazu kommen die Vitamine B 1 und B 2, Provitamin A und dann Phosphor, Kalium, Kalzium, Magnesium, Kupfer, Jod und natürlich das vielbeschworene Eisen. Früher hat man angenommen, der Eisengehalt des Spinats sei ganz besonders hoch, und da Eisen für die Bildung von Blut wichtig ist, wurden ganze Generationen von Babies mit Spinatgemüse gequält. Tatsächlich aber liegt der Eisengehalt des Spinats mit 3 mg pro 100 g Frischblätter unter dem Eisengehalt einer ganzen Reihe anderer Gemüse, z.B. von Weißkohl mit 27,5 mg auf 100 g Frischware. Was den besonderen Geschmack von Spinat bestimmt, sind etwa 9 mg Oxalsäure auf 100 g Frischblätter. Oxalsäure ist in hohen Gaben zwar giftig, wird aber durch das Kalzium in unserer Nahrung, z.B. durch Milch, zu einem Stoff namens Calciumoxalat gebunden, der dem Organismus nichts anhaben kann. Ein anderes, oft diskutiertes Problem ist der hohe Nitratgehalt von Spinat, der vor allem dann auftritt, wenn bei der Düngung bestimmte Grenzwerte für Stickstoff überschritten werden. Der Spinat reichert nämlich den Stickstoff, sprich das Nitrat, das er nicht zur Eiweißbildung verwerten kann, an. Bis zu 70 % dieses Nitrats werden beim Blanchieren des Spinats zwar herausgelöst. Der verbleibende Rest aber genügt bestimmten Bakterien, innerhalb von 24 Stunden gesundheitsgefährdendes Nitrit zu erzeugen. Besonders empfindlich gegen Nitrit sind Klein- und Kleinstkinder. Also Spinat nicht aufbewahren.

Wie steht es nun mit einem Spinatkuchen, den man selbstverständlich nicht auf einmal essen kann und den man gern warm ißt? Nun, innerhalb von ein bis zwei Stunden sind noch keine kritischen Nitritanteile entstanden. Selbstverständlich ist ein Gemüse von solch einem ernährungswissenschaftlichen Wert auch in der Heilkunde interessant. Es fördert die Blutbildung und die Ausscheidung der Bauchspeicheldrüse, der Magenschleimhaut und der Galle. Es fördert auf milde Weise auch die Verdauung. Im ganzen ist Spinat auch eine wertvolle Krankenkost.

Die Franzosen nennen den Spinat wegen seiner verdauungsfördernden Wirkung «Besen des Magens».

Mangold

Jetzt ist mir doch noch eingefallen, warum es weder daheim noch in den Häusern meiner Onkel und Tanten im Hexental Mangold zu essen gab. Mangold wurde in den Gärten durchaus angepflanzt, aber er diente einem völlig anderen Zweck. Er wurde zum Einwickeln von Butter verwendet. Bei meiner Tante Marie, die den Hof des Großvaters, was sag ich Hof, das Höfle des Großvaters geerbt hatte, hatte meine Cousine Elsa die Aufgabe, am Freitag aus dem gesammelten Rahm der Woche Butter zu machen und diesen am Samstag bei den Freiburger Verwandten, also z. B. bei meiner Mutter, vorbeizubringen – er mußte natürlich bezahlt werden – und den Rest auf dem Freiburger Wochenmarkt zu verkaufen. Zu diesem Zweck füllte Elsa den kühlgestellten Rahm in das gut ausgewaschene Butterfaß und produzierte Butter. Für mich als Kind war es immer spannend zu sehen, wenn der Moment gekommen war, wo sich die Butter um das Holzrad, das im Rahm gedreht wurde, klumpte und wo andererseits die süße Buttermilch entstand, von der ich natürlich trinken wollte.

Dann nahm Elsa mit frisch gewaschenen Händen die Butter aus dem Faß und drückte sie in die mit kaltem Brunnenwasser ausgewaschenen Buttermodel. Die Buttermodel gaben der Butter nicht nur eine Verzierung, wenn ich mich recht erinnere, war es eine Bäuerin und ein Bauer mit Regenschirm und viele Blumen drumherum, sondern die Model dienten zugleich der Portionierung der Butter in 500 g und 250 g. Die gefüllten Model kamen draußen vor dem Stall in eine besondere Abteilung des Brunnentroges. Das war ein eigener kleiner Trog aus weißer Emaille mit blauem Rand, der gewöhnlich mit einem Holzbrett abgedeckt war, damit keine Tiere daraus trinken konnten. Denn dieses Wasser war den Menschen vorbehalten. Und in diesem Trog schwammen nun die Model mit der Butter, die Butter wurde herausgenommen und in ganz frisch geschnittene, ebenfalls im kalten Wasser gekühlte Mangoldblätter gewickelt. In den Mangoldblättern kamen sie am Samstagmorgen in den großen Korb von Elsa, zusammen mit einem kleinen Körble mit frischen Eiern und einem Emaillekännle mit süßer Sahne.

Vermutlich blieb nie so viel Mangold übrig, daß man daraus hätte Gemüse machen können. Jedenfalls, ich lernte Mangoldessen erst in Griechenland kennen. Dort aber gründlich, nicht zuletzt, weil mir Mangold unglaublich gut schmeckt. Die Griechen bereiten den Mangold sowohl mit Tomaten zu als auch mit gekochtem Rindfleisch als eine Art Ragout.

Mangold gibt es in zwei wesentlichen Formen. Da ist einmal der Blattmangold, lateinisch Beta vulgaris var. vulgaris und der Stiel- oder Rippenmangold, lateinisch Beta vulgaris var. flavescens, englisch chard spinach beet, französisch poiree, cote de bettes.

63

Mangold ist eine Pflanze, die rund um das Mittelmeer im Küstenbereich wild wächst, und sie wird sicherlich seit undenklichen Zeiten von den Menschen auch gegessen. Es gibt rote und gelbe wilde Mangoldpflanzen. Die wilde Mangoldpflanze ist übrigens auch die Stammutter der Roten Rübe, der Runkelrübe und der Zuckerrübe.

Mangold, der deutsch auch Schnittmangold und Beißkohl heißt, Stielmangold, Stengelmangold, Rippenmangold, Römischer Kohl, Schweizer Mangold, Krautstiele und Römische Beete, wird vor allem in Italien und in Frankreich, in der Schweiz, in Holland und Spanien angebaut.

In Deutschland ist der Mangold erst seit einigen Jahren wieder im Kommen. Ich stelle immer wieder fest, daß nur einige wenige Gemüseläden Mangold überhaupt anbieten. Und es scheint so, als wäre der Mangold weitgehend ein Gemüse für Liebhaber.

Der Schnittmangold entwickelt nur kleine breite Blätter, deren Stiele schmal sind, er wird in Italien wie Spinat gegessen. Die Einfuhr nach Deutschland ist allerdings schwierig, weil die Blätter wenig haltbar sind.

Anders steht es mit dem Stielmangold, dessen große Blätter an bis zu 45 cm langen Stielen sitzen, die bis zu 10 cm breit werden können. Sie sind weiß, können aber auch gelb oder rötlich sein. Aus Italien kommt eine Form von rotstieligem Mangold. Allein ihn anzusehen macht Freude. Leider verschwindet das leuchtende Rot der Stiele bei der Zubereitung und verwandelt sich in ein unansehnliches Grau.

Mangold ist sehr eiweißreich, hat einen hohen Gehalt an Mineralstoffen, Phosphor, Kalium, Kalzium, Magnesium, Eisen und Jod, die Vitamine B 1, B 2 und C. Sein Nährwert entspricht ungefähr dem des Spinats. Er soll nervöse Menschen beruhigen und Darmträgheit beheben. Mangold gedeiht in unseren Gärten an warmen, nicht zu trockenen Plätzen. Er wird im April und Mai ausgesät und kann nach 8 bis 10 Wochen geerntet werden. Der Samen ist allerdings frostempfindlich.

Mangold wird vom Mai bis in den Herbst geerntet. Der meiste Mangold auf dem deutschen Markt kommt aus Importen. Mangold muß so schnell wie möglich verkauft werden, weil er sehr rasch seinen Vitamingehalt verliert. Die Blätter werden ebenso rasch welk. Mangoldblätter werden wie Spinat zubereitet und schmecken würziger und kräftiger als Spinat. Dabei sind die zarten 10 bis 15 cm langen Blätter am besten zur Zubereitung geeignet. Größere Blätter schmecken oft bitter. Die Stiele des Mangold kann man wie Spargel oder Schwarzwurzeln zubereiten. Sie müssen allerdings zunächst von der dünnen, fasrigen Haut befreit werden, mit der sie überzogen sind. Nach dem Dünsten kann man die Stiele in einer hellen Soße wie Spargelgemüse zubereiten.

Guter Heinrich

Er gehört zu den alten Kulturpflanzen, die bei uns in Europa daheim sind. Er wächst allerdings auch in Amerika. Aber dorthin haben ihn die Europäer gebracht: der Gute Heinrich, lateinisch chenopodium bonus-henricus, englisch Good King Henry, wild spinach, französisch bon Henri, epinard sauvage, deutsch Bergspinat, Hundsmelde, Großer Gänsefuß, Dorfgänsefuß, wilder Mehlspinat. Der Spinat hat ihn verdrängt. Und so findet man ihn verwildert hauptsächlich in der Nähe von Dörfern und nicht mehr bewohnten Häusern. Dabei hat er viel mehr Inhaltsstoffe als der Spinat. Und man kann sich wirklich fragen, warum der Gute Heinrich verschwunden ist oder besser gefragt, warum es keine Nachfrage mehr nach ihm gibt.

Capuns, Rezept S. 67

**Spinat
Blattmangold**

*Schweizer Spinatwähe,
Rezept S. 66*

65

Spinat oder Blattmangold kochen

Junger Spinat sollte nicht eigentlich gekocht, sondern nur gebrüht werden. Man gibt die gewaschenen Blätter in kochendes Wasser und läßt sie 2 – 3 Min. stehen. Will man sie dämpfen, so gibt man sie gewaschen, aber nicht abgetropft, in die heiße Butter. (Rezepte auch für Guter Heinrich geeignet!)

Schweizer Spinatwähe (Spinatkuchen)

1. Teig:
   - *150 g Weißmehl*
   - *1 TL Salz*
   - *150 g Rahmquark, in Flöckchen zerteilt*
   - *150 g Butter, in Flöckchen zerteilt*
   - *oder ein Paket Blätterteig*

2. Füllung:
   - *1 kg Spinatblätter*
3. - *2 EL Butter*
   - *1 Zwiebel, fein gehackt*
   - *3 Eier, zerklopft*
   - *5 EL Rahm*
   - *3 EL Sbrinz oder Parmesankäse, gerieben*
   - *Salz, Pfeffer, Muskat*
4. - *50 g Speckwürfelchen*
   - *2 EL Sbrinz oder Parmesankäse, gerieben*

Das Mehl auf die Tischplatte sieben, die übrigen in 1. angegebenen Zutaten beigeben, mit einem Teigspachtel oder Tischmesser (nicht von Hand) bearbeiten, bis ein kompakter Teig entstanden ist. Einige Stunden kühlstellen.
Die Spinatblätter mit kochendem Wasser übergießen, eine Minute stehen lassen, abseihen, auf einem Brett mit einem großen Messer hacken.
Die Butter von 3. schmelzen, die Zwiebel beigeben, glasig dünsten, abkühlen lassen. Mit den übrigen Zutaten von 3. und dem Spinat vermengen.

Den Teig auswallen (genügt für ein viereckiges Backofenblech). Auf das gut ausgebutterte Blech legen, mit einer Gabel mehrmals einstechen. Die Spinatmasse daraufgeben, mit den Zutaten von 4. bestreuen.
Im auf 200° C vorgeheizten Backofen 30 Min. backen. (Bild S. 65)

Spinatomeletten

1. - *800 g Spinat*
   - *3 EL Basilikum, fein gehackt*
   - *Salz, Pfeffer Muskat*
2. - *300 g Weißmehl*
   - *400 ml Wasser*
   - *1 EL Sonnenblumenöl*
   - *3 Eier*
   - *1 TL Salz*
3. - *2 EL eingesottene Butter (Butterfett)*

Spinat ins kochende Wasser geben, 1 Min. stehen lassen, abseihen, auf einem Brett mit großem Messer hacken. Basilikum beigeben, würzen.
Das Mehl in eine Schüssel sieben, die restlichen Zutaten in der angegebenen Reihenfolge unterrühren. Den Teig 1 Std. kühlstellen. Mit dem Spinat vermengen.
In einer möglichst großen Teflonpfanne wenig Butter schmelzen, einen Schöpflöffel Spinatteig hineingeben, möglichst dünn auf dem Pfannenboden verteilen, beidseitig goldbraun braten, zusammengefaltet oder -gerollt auf einer gut vorgewärmten Platte servieren.
Füllen mit gedünsteten Streifen von gekochtem Schinken oder mit Tomatensauce.
Salzkartoffeln passen am besten dazu.

Spinat oder Blattmangold mit verlorenen Eiern

Tomatensauce:

1. 2 EL Butter
   2 EL Weißmehl
   ½ l Gemüsebrühe
        Salz, Pfeffer, Muskat, 1 Prise Zucker
   4 EL Tomatenpüree

Gemüse:

2. 800 g Spinat
   2 EL Butter
   1 Zwiebel
        Salz, Pfeffer, Muskat

3. 1½ l Wasser, 2 EL Essig
   6 Trinkeier

Die Butter schmelzen, das Mehl darin andünsten, mit der Gemüsebrühe ablöschen, das
Tomatenpüree beigeben, würzen, einige Min.
köcheln lassen (1.).

Die Spinatblätter waschen, die Butter schmelzen, Zwiebel darin andämpfen, die tropfnassen
Spinatblätter beigeben, kurz dämpfen, würzen,
warm halten.

Wasser und Essig aufkochen. Jedes Ei (3.) ein-
zeln in eine Tasse aufschlagen. (Das Eigelb darf
nicht verletzt sein.) Die Tasse mit dem aufge-
schlagenen Ei schräg halb ins kochende Wasser
halten und das Ei hineingleiten lassen. Das Wasser muß die Eier ganz bedecken. 5 Min. ziehen
lassen (nicht kochen!).

Falls man die Eier nicht sofort servieren kann,
sie in warmes Wasser legen.

Salz- oder Pellkartoffeln dazu servieren.

Capuns

1. 300 g Mehl
   2 – 3 Eier, verklopft
   150 ml Wasser
   1 Prise Salz (Teig schwach salzen)
2. 100 g Speck, luftgetrocknet, in feine
           Würfel geschnitten
   100 g Schinken, roh, in feine Würfel
           geschnitten
   1 Landjäger, geschält, in kleine
           Stückchen geschnitten
   2 EL Petersilie, fein gehackt
   1 TL Pfefferminzblätter, fein gehackt
3. 20 Blätter Schnittmangold. Ersatz: große
           Spinatblätter oder Blattgrün von
           Stielmangold, 1 Min. blanchiert
4. 100 ml Milch
   100 ml Fleischbrühe
5. 100 g Sbrinz oder Gruyère-Käse, gerieben
   2 EL Butter

Aus den Zutaten von 1. einen ganz dicken
Spätzliteig herstellen. ½ Std. stehen lassen. Die
Zutaten von 2. beigeben.

Je einen EL Teig in ein Krautblatt geben, einwickeln, dicht an dicht in eine leicht bebutterte
Bratpfanne legen, Milch und Fleischbrühe dazugeben, 15 Min. köcheln. Abgetropft lagenweise mit dem Käse in eine vorgewärmte Platte
legen. Die Butter braun werden lassen und darübergießen.

Variante für Eilige: Die blanchierten Mangold-
blätter hacken, zum Spätzliteig geben. Wie
Spätzli kochen. Die zeitraubende Arbeit des
Einpackens entfällt.

(Bild S. 65)

Krautstiele, Rezept S. 69

Krautstiele (Stielmangold) kochen

Für die klassischen Stielmangold-Rezepte verwendet man die weißen Rippen ohne die grünen Blattansätze (diese wie Spinat oder Blattmangold für ein anderes Rezept verwenden; siehe auch Rezept «Capuns», Seite 67).

Die Rippen werden unten etwas abgeschnitten, evtl. geschält, gut gewaschen und in 5 cm lange Stücke geschnitten.

Man kocht sie weich in so viel kochendem Salzwasser, daß sie gerade davon bedeckt sind! Garprobe machen. Abseihen, warm halten.

> 800 g *Krautstiele, gekocht, zu Bündelchen gebunden (siehe Abbildung S. 68)*
> 2 EL *Sbrinz oder Parmesankäse, gerieben*
> 2 EL *Paniermehl*
> 1 *Ei, hart gekocht, gehackt*
> 3 EL *Butter*

Man legt die heißen Krautstiel-Bündelchen auf eine gut vorgewärmte Platte, gibt den mit Paniermehl vermengten Käse und anschließend die gehackten Eistückchen darüber. Mit der braunen Butter abschmelzen.
Zu Siedfleisch.

Krautstiele (Stielmangold) Tessiner Art

1. 600 g *Stielmangold ohne Blattgrün, in 5 cm breite Streifen geschnitten*
2. 2 EL *Butter*
   1 *Zwiebel, fein gehackt*
   1 *Knoblauchzehe, gepreßt*
   1 *Schnitz Sellerieknolle, geschält, fein gerieben, oder*
   1 *Rippe Bleichsellerie, ganz fein geschnitten*
   1 *Karotte, geschält fein gerieben*
   1 TL *Thymianblätter*
   1 *Lorbeerblatt*
   1 *Kartoffel, roh, geschält, fein gerieben*
   500 g *Tomaten, in Schnitze geteilt*
   250 ml *Wasser*
3. *Salz, Pfeffer, 1 Prise Zucker*
4. 100 g *Sbrinz oder Parmesankäse, gerieben*

Das Gemüse in wenig kochendem Salzwasser gar kochen, abseihen. Die Butter schmelzen, die in 2. angegebenen Zutaten nach und nach beigeben, mitdämpfen, mit dem Wasser ablöschen und mindestens ½ Stunde, besser länger, köcheln lassen.

Passieren, würzen (3.). Den Stielmangold beigeben, alles nochmals heiß werden lassen. Den Käse (4.) separat dazu servieren.

Zu Teigwaren, Polenta, Trockenreis oder Salzkartoffeln.

Hülsenfruchtgemüse

Erbsen, Bohnen

Erbse

Erbse heißt auch Gartenerbse oder Pflückerbse. Die Engländer sagen pea und die Franzosen pois, lateinisch heißt die Pflanze Pisum sativum.

Ein bekannter Botaniker und Pflanzenarchäologe namens Helbaek beschreibt in einem seiner Bücher, wie er in Anatolien eine der Wilderbsensorten, die Pisum elatius, an feuchten Stellen der Steppe und der niedrigen Berge gefunden habe. Sie wachse wild, in Gräben, Kanälen, in Obst- und Weingärten und in Bohnenfeldern. Es sei überhaupt kein Problem gewesen, beim Wandern eine größere Menge von reifen Erbsen zu sammeln und sie hätten hervorragend geschmeckt. Daraus zieht er den Schluß, daß unsere steinzeitlichen Vorfahren, die Feuersteins, auf den Ebenen der Türkei, wenigstens dort, sich ohne jedes Problem mit Erbsen versorgen konnten. Es war noch nicht einmal notwendig, sie in irgendeiner Art anzupflanzen, denn sie wuchsen und wachsen überall als Unkraut.

Nach den Studien eines anderen Botanikers wächst die Wilderbse Pisum elatius sowohl im immergrünen Buschwald des Mittelmeergebietes als auch auf Getreide- und anderen Feldern. Mit einem Wort, als unsere Vorfahren in den Mittelmeerraum und in die benachbarten Gebiete einwanderten, da gab es bereits Erbsen. Und sie konnten diese Erbsen als Zukost zu dem von ihnen erlegten Wild essen. Die ältesten Funde von verkohlten Erbsen, von Erbsen also, die ins Feuer gefallen sind und verbrannten, stammen aus der Steinzeit des vorderen Orients, aus der Südtürkei und aus Ostgriechenland. Sie sind 9000 bis 10000 Jahre alt.

Ihre größte Bedeutung erlangte die Erbse bei uns erst im 9. und 10. Jahrhundert, wo sie die Rolle der eiweißhaltigen Grundnahrung übernahm und wohl auch für lange Zeit behielt. So kommt auch das deutsche Nationalgericht zustande: Bratwurst, Sauerkraut und – Erbsenbrei! Wahrscheinlich wird dies viele Leser überraschen.

Vielleicht ist die Bratwurst nur späte Zutat einer reichen Zeit, und Erbsenbrei und Sauerkraut ist eine jener Kombinationen von Lebensmitteln, die wegen des hohen biologischen Wertes, zu dem sie sich ergänzen, die Ernährung armer Völker sichern. Soja und Reis z. B. in Asien, oder schwarze Bohnen und Mais in Mittelamerika. So ist auch das bekannte Bauernfrühstück, Bratkartoffeln mit Ei, höherwertig als Kartoffeln und Ei jedes für sich.

Erbsen werden heute in allen Erdteilen und allen Ländern der Erde angebaut. Sie stehen an der 4. Stelle aller Gemüsearten. Die größten Anbauflächen haben Europa, die USA und Indien. Die

Hauptanbauländer in Europa sind Großbritannien, Frankreich und Italien. Die Anbaufläche in Deutschland ist demgegenüber bescheiden.

95 % der Ernte gehen in die Verarbeitungsindustrie, d. h. werden zu Konserven. Auf den Frischmarkt kommen bescheidene 5 %.

In Deutschland werden Erbsen so gut wie ausschließlich im Freiland angebaut.

Erbsen wollen einen trockenen, aber nährstoffreichen Boden mit viel Kalk. Sie wollen Sonne und Luft. Was sie nicht lieben, ist stehendes Wasser. Sie werden im März und April in Saatrillen «gelegt». Nach etwa 10 Wochen können sie geerntet werden.

Es gibt zwei Wachstumsarten: die Buscherbsen, die ohne Stützvorrichtung aufrecht stehen, und die Reisererbsen, die bis zu 2 m hoch ranken können und die ein Drahtgerüst brauchen oder, wie das meine Mutter gemacht hat, kräftige Reiser auf dem Beet, an denen sie emporwachsen können.

Auf dem Markt werden im wesentlichen drei Sorten von Erbsen unterschieden. Das sind die Schal- oder Palerbsen, auch Kneifel-, Brockel-, Roller-, Auskernerbsen, auch glatte Erbsen genannt. Die Engländer nennen sie round pea, die Franzosen pois rond. Schalerbsen haben ein glattes, rundes Samenkorn in hartschaligen grünen Hülsen. Kapuzinererbsen und Desiree haben blaue Hülsen. Schalerbsen werden zeitig geerntet. Die Kerne in den Hülsen sollen noch zart und klein sein oder, falls sie für Trockenerbsen bestimmt sind, wenn die Kerne trocken, gelb oder grün sind. Dann gibt es die Markerbsen, englisch wrinkled pea, französisch pois ridé. Ihre Kerne sind besonders süß und zart und groß. Manchmal auch runzlig und geschrumpft. Sie können nicht als Trockenerbsen verarbeitet werden, weil sie beim Kochen nicht weich werden. Deshalb kommen sie nur als Frischgemüse in Betracht. Die dritte Sorte ist die Zuckererbse oder Kefe, die auch Kaiserschote, Kiefelerbse genannt wird. Sie unterscheidet sich vor allem dadurch von den beiden anderen Sorten, daß die Hülse innen keine harte Pergamentschicht hat. Die Hülse kann daher mit den noch unreifen Samen zubereitet und verzehrt werden. Englisch sugar pea, snow pea, sugar snap pea, französisch pois mangetout, poi sans parchemin.

1979 erschien auf dem Weltmarkt eine Neuzüchtung, die sogenannte Knackerbse, deren Hülsen dunkelgrün, dick und rund sind, andererseits zart wie Zuckererbsen. Sie können wie solche gegessen werden. Allerdings spielen sie auf dem Markt bisher noch keine Rolle.

Die Erbsen gehören zu unseren nährstoffreichsten Gemüsen. Besonders beachtlich ist ihr Gehalt an biologisch hochwertigem Eiweiß (bei grünen Erbsen ca. 7 %, bei getrockneten Erbsen ca. 23 %). Hinzu kommt der Gehalt an Kohlenhydraten, Fett, Lezithin, Kalium, Phosphor, Vitamin C, Provitamin A.

Frische Erbsen dürfen nicht zu lange gelagert werden, weil sie nachreifen, das bedeutet, daß sich Zucker in Stärke verwandelt. Es wird empfohlen, beim Einkauf wenigstens eine Erbse zu versuchen. Schmeckt sie mehlig und leicht bitter, dann ist selbst die Markerbse überlagert. Generell muß man sagen, Erbsen eignen sich überhaupt nicht zum Lagern. Sowohl Hülsen wie Kerne haben eine nur geringe Haltbarkeit.

Erbsen sollten nicht in größeren Mengen roh gegessen werden, da auch sie, wie die Bohnen, in ungekochtem Zustand einen schädlichen Stoff enthalten sollen.

Bohnen

Als die spanischen Konquistadoren die Neue Welt eroberten und im Namen der allerchristlichsten Könige alles stahlen, was entfernt nach Gold aussah, da muß es doch auch unter der Räuberbande des Señor Cortes den einen oder anderen gegeben haben, der sich geniert hat. Vielleicht war er auch nur zu ungeschickt, kam immer zu spät, wenn es ans Rauben ging oder ans Verteilen der Beute. Jedenfalls, während seine Kumpane in ihren Feldkisten immer mehr goldene Ketten, Ringe, Schüsseln, Teller, Krüge und was sonst noch alles aus Gold war, bei den Azteken sammelten, hatte er nichts. Das war auch von Vorteil. Er brauchte sich nicht zu sorgen, daß ihm jemand etwas weggenommen hat, und seine Kiste war leicht und ohne Probleme zu tragen. Seine Kameraden hielten ihn dafür für einen Trottel, aber das machte ihm nicht sonderlich viel aus. Mehr bewegte ihn die Frage, was er wohl heimbringen könnte. Denn seine Freundin Conchita hatte ausdrücklich gesagt, er müsse mit Reichtümern heimkommen, damit sie endlich heiraten könnten. Und je näher der Termin für die Heimreise kam, desto bedenklicher schaute Fernando.

«Was ist mit dir?», fragte ihn sein Diener Hozepotl. «Du schaust, als wärst du und nicht wir von euch Spaniern erobert worden.» Fernando nickte bitter. Und Hozepotl fuhr fort: «Was ist denn mit dir los, komm, sag's mir. An was fehlt's denn?»

«Am Gold», sagte Fernando. «Jeder von meinen Kameraden hat wenigstens einen halben Zentner Gold.»

«Uns gestohlen», sagte Hozepotl, «und was sagen da eure Pfarrer dazu, die uns die Zehn Gebote gebracht haben?»

«Bitte lenke nicht vom Wesentlichen ab», sagte Fernando. «Der Patre Francesco hat außerdem gesagt, das Gold sei unchristlicher Mammon und müßte sogar weggenommen werden, weil er euch vom wahren Weg des Heils ablenkt. Aber wie komm ich jetzt zu diesem Zeug?»

Hozepotl dachte nach. Dann sagte er: «Also, Gold ist ja keines mehr da, das steht fest. Aber wir könnten ja einmal mit unserem Medizinmann reden, wenn du schweigen kannst und nicht zu diesem Don Francesco rennst und schreist, jetzt hättest du einen Medizinmann aufgespürt.»

Und Fernando versprach hoch und heilig zu schweigen. Am Abend gingen sie miteinander hinunter zu den schwimmenden Gärten. Hozepotl fand in der Dunkelheit ein Boot, und sie ruderten durch das Labyrinth der Kanäle, irgendwo legten sie an. Ein schmaler Weg führte durch duftende Blumen zu einer Hütte. Feuerschein drang von drinnen heraus.

«Unser Medizinmann heißt Hexotl. Aber wart jetzt hier, ich muß ihn zuerst informieren.»

Hozepotl verließ Fernando, der prüfte, ob sein Toledodolch noch in der rechten Socke steckte, dann wartete er. Nach einiger Zeit kam Hozepotl zurück und winkte ihm zu folgen. In der niedrigen Hütte saß ein alter Mann und schaute verbittert. Im Hintergrund rührte eine ebenso alte Frau in einem Topf überm Feuer. Sie schaute auch verbittert. Es duftete wunderbar.

«Du bist scheint's ein anständiger Mensch», sagte Hexotl anstelle einer Begrüßung, «wenigstens behauptet das mein Neffe. Und jetzt kriegst du Probleme durch deinen Anstand.»

Der Alte nickte wissend mit dem Kopf. «Komm, iß einen Teller Suppe mit uns.»

Die alte Frau füllte trockene Kürbishälften und brachte sie den drei Männern. Die Suppe schmeckte Fernando hervorragend.

«Weißt du, was du issest?», fragte Hexotl.

74   «Nein», sagte Fernando.

«Das ist eine Suppe aus grünen Bohnen mit Speck. Ich weiß, daß Ihr Spanier die Bohnen noch nicht kennt. Und deshalb schenke ich dir etwas, was viel kostbarer ist als der ganze Golddreck. Ich schenk dir Samen unserer Bohnen. Die kann man grün essen, die kann man als Gemüse essen, als Suppe und als Salat, zum Fleisch und zu den Kartoffeln, die dein Kollege Juan mitnimmt, der hat nämlich auch kein Gold gestohlen. Den Samen von diesen Bohnen, den kann man auch essen. Wenn der Winter kommt, ist das etwas ganz Hervorragendes.»

Und er griff neben sich und gab Fernando ein Säcklein mit schwarzen Bohnensamen, die, als Fernando sie durch die Finger gleiten ließ, im Licht des Feuers schimmerten, als wären sie dunkles Gold.

Conchita war natürlich tief enttäuscht. Hatte nicht ihre Freundin Carmen von ihrem Rodrigez sechs Halsketten und fünf Armreifen, zwölf Fingerringe und einen Nasenring – natürlich alles aus Gold, reinstem Gold – mitgebracht bekommen?

Als aber der erste Sommer vorüber war und Fernando die Einnahmen zählte, die er mit dem Verkauf von Bohnen auf dem Markt von Sevilla gemacht hatte, da war das schon ein rechtes Sümmchen ... er konnte seiner Conchita eine erste goldene Halskette kaufen. Sie stammte übrigens von Carmen, die beginnen mußte, ihren Schmuck zu verkaufen, weil der Besitz von Gold ja nichts einbringt. Gold kann man nur verkaufen. Bohnen zwar auch, aber dafür wachsen sie nach, Gold aber nicht.

Also, um wieder ernsthaft zu werden, 1528 kam Cortez von der Eroberung Mexikos nach Spanien zurück, und schon 15 Jahre später, nämlich 1543, beschreibt der Tübinger Professor für Medizin, Leonard Fuchs, die Bohne unter der Bezeichnung von «Welsch bonen». Dies sei ein Sommergewächs, vertrage keinen Reif, blühe im Juli und werde im August reif. Die Samen seien rotschwarz gesprenkelt, weißgrau oder gelb, weiß, fleisch- oder lederfarben. Und 1553 gibt es gar eine farbige Abbildung in dem Buch eines Georg Oelinger aus Nürnberg. Der fügt hinzu: «Bohnen, man braucht sie in der Speiss ... blähen den Bauch, sind schwerlich zu verdauen, gehören allein für arbeitende Leut.»

Die Heimat der Bohne sind die tropischen und subtropischen Wälder Süd- und Westmexikos. Bohnen bilden dort zusammen mit Mais das wichtigste Grundnahrungsmittel. In Europa haben sie in einem Siegeszug ohnegleichen die sogenannte Puffbohne, die auch Dicke Bohne oder Saubohne heißt, verdrängt. Der Grund war, die Puffbohne, die eigentlich gar keine Bohne ist, sondern eine Wicke, war den amerikanischen Bohnen unterlegen. Vor allem, weil diese sich als widerstandsfähiger gegenüber dem Klima erwiesen.

Die Bohne, lateinisch phaseolus vulgaris, englisch french bean, französisch haricot, gehört weltweit zu den wichtigsten Kulturpflanzen. Schwerpunkte des Anbaus sind Europa und Ostasien. In Europa gedeihen die Bohnen überall. Hauptanbaugebiete innerhalb der EU sind Italien, Frankreich und Spanien. In Deutschland werden Buschbohnen in Schleswig-Holstein und in Niedersachsen angebaut. Stangenbohnen in Nordrhein-Westfalen, im Rheinland und in Baden-Württemberg. Die Hauptunterscheidungsmerkmale sind: Buschbohnen, die auch Fisolen, Kruppbohnen oder Strauchbohnen heißen, wachsen ohne Stütze. Buschbohnen kommen ebenso auf den Frischmarkt wie in großem Umfang zur Verarbeitung in die Konservenindustrie. Buschbohnen können maschinell geerntet werden.

Stangenbohnen, auch Kletterbohnen oder Hochbohnen genannt, brauchen als Stütze Drahtgerüste oder Stangen aus Holz oder im Gewächshaus Schnüre zum Hochwinden. Die Erträge der Stangenbohnen sind höher als die der Buschbohnen. Ihre Kulturdauer ist aber fast doppelt so lang wie bei den Buschbohnen. Stangenbohnen müssen von Hand geerntet werden. Sie kommen im wesentlichen auf den Frischmarkt.

Feuer- oder Prunkbohnen, auch Türkische Bohnen, werden wegen ihrer bunten Blüten, die sie bis in den Herbst hinein immer wieder hervorbringen, als Zierpflanze in den Gärten gepflanzt. Die einzelnen Bohnen haben zwar eine rauhe Schale und ihre Kerne sind größer als bei den Stangenbohnen, sie sind indessen sehr zart und sehr schmackhaft. Leider werden sie auf dem Markt nur in geringen Mengen angeboten.

Weitere Bohnensorten sind Schwertbohnen mit flachen Hülsen, Flageoletbohnen mit flachovalen Hülsen, Perlbohnen mit dünnschaligen Hülsen, die die kleinen runden Samen deutlich abbilden, Haricots verts sind fast stricknadeldünne Bohnen mit rundem Querschnitt ohne Samen, ähneln den Keniabohnen, Prinzeß- und Delikateß-Bohnen sind junge und zarte Bohnen, ähnlich Haricots verts und Keniabohnen, Brechbohnen sind dickfleischige und rundhülsige Bohen, die man glatt durchbrechen kann, Zuckerbohnen haben runzelige, fleischige Hülsen, Zuckerbrechbohnen vereinen die Eigenschaft von Zucker- und Brechbohnen, Speckbohnen haben lange und fleischige Hülsen, Wachs- oder Butterbohnen sind Busch- oder Stangenbohnen mit gelben Hülsen.

Bis etwa zum Jahr 1940 mußten die Bohnen noch von Fäden befreit werden. Bei älteren Bohnensorten kann das heute noch der Fall sein. Grundsätzlich aber haben alle Neuzüchtungen seit dem genannten Datum keine Fäden mehr. Früher hat die Hausfrau die Bohnen auf dem Markt durch Durchbrechen auf Fäden geprüft.

Der Nährwert der Bohnen ist sehr hoch. Sie enthalten hochwertiges Eiweiß, Kohlenhydrate, die Mineralstoffe Kalium, Kalzium, Phosphor, Magnesium und Spurenelemente, Provitamin A, Vitamine der B-Gruppe, C und E.

Man darf Bohnen nicht roh verzehren, denn sie enthalten den gesundheitsschädlichen Stoff Phasin. Phasin kann zu Erbrechen führen, zu Durchfall, schweren Magen- und Darmbeschwerden, sogar zum Tod. Phasin wird durch 15 Minuten Kochen zerstört. Auch die Milchsäuregärung (Saure Bohnen) zerstört Phasin, Trocknen allerdings zerstört Phasin nicht, so daß auch getrocknete Bohnen, sowohl grüne als auch Bohnenkerne, 15 Minuten gekocht werden müssen.

Die trockenen Hülsen der Bohnen können als Tee aufgegossen werden und wirken dann entwässernd und harntreibend, u. a. bei Gicht und Rheuma.

Erbsen

Erbsen-Soufflé,
Rezept S. 78

Frühlingserbsen,
Rezept S. 78

77

Erbsen kochen

Gartenfrische Erbsen brauchen eine Kochzeit von nur 7 – 8 Minuten. Man verwendet nur so viel Wasser, daß sie ganz knapp damit bedeckt sind. Dieses Wasser mit wenig Salz, einer Prise Zucker und ein paar Petersilienstengeln aufkochen, die Erbsen beigeben. Je mehr Zeit zwischen dem Pflücken und dem Kochen verstrichen ist, desto länger ist auch die Garzeit. Und: Schön grün bleiben die Erbsen nur, wenn man sie beim Kochen nicht zudeckt! (Auch hier: Garprobe ist wichtig!)
Unsere Großmütter trockneten die Erbsenschoten und verwendeten sie im Winter für Gemüsebrühe!

Erbsen mit Minze

  2 EL Butter
  4 Minzblätter (Pfeffer- oder
      Krauseminze), fein gehackt
800 g Erbsen, gar gekocht
      Salz, Pfeffer

Die Butter schmelzen, die Minzenblätter beigeben, darin schwenken, die Erbsen beigeben, heiß werden lassen.
Und gleich noch ein Rezept für die allerbeste Beilage:

800 g neue Kartoffeln, gewaschen, mitsamt
      der Schale knapp weichgekocht
  2 EL Butter
  1 TL Salz

Die Butter schmelzen, die Kartoffeln beigeben (wer nicht will, muß sie nicht schälen, aber geschält sehen sie hübscher aus), ganz leicht hellbraun werden lassen, mit Salz bestreuen.

Frühlingserbsen

1.   1 TL Salz
      1 TL Zucker
      3 EL Butter
      2 EL Wasser
2. 200 g Frühlingszwiebeln oder übrig-
          gebliebene Setzzwiebeln mit
          kochendem Wasser übergossen und
          geschält
      1 Kopfsalat, in feine Streifen
          geschnitten
    600 g Erbsen
3.   2 EL Petersilie oder Kerbel, fein gehackt

Die Zutaten von 1. aufkochen, die Gemüse (2.) beigeben, halb zugedeckt weichdünsten, durch gelegentliches Rütteln vermengen, evtl. noch ganz wenig Wasser beigeben. Mit der Petersilie bestreut anrichten. (Bild S. 77)

Erbsen-Soufflé

1.   2 EL Butter
      1 Zwiebel, gehackt
2. 500 g Erbsen, gekocht
      6 Eigelb
        Salz, Pfeffer
      1 TL Basilikum, gehackt
3.   6 Eiweiß
      1 Prise Salz

Die Butter schmelzen, die Zwiebel darin glasig dünsten. Vom Feuer nehmen. Die erkalteten Erbsen, die übrigen Zutaten von 2. beigeben. Die Eiweiß mit dem Salz ganz steif schlagen, unter die Gemüsemasse ziehen. In einer bebutterten Auflaufform 20 Min. backen. Backofentüre nicht öffnen!
(Bild S. 77)

Kefen (Zuckererbsen) kochen

Gartenfrische Kefen muß man meist nicht abfädeln. Es genügt, die Spitzen an beiden Enden abzuknipsen. Andernfalls muß man sie auf beiden Seiten von den Fäden befreien. Beim Kochen nicht zudecken – sie verlieren sonst ihre Farbe! Nach 8 Min. Kochzeit Garprobe machen!

Kefen (Zuckererbsen) in Butter

       3 EL Butter
          4 Schalotten oder 1 Zwiebel, fein
             gehackt
     800 g Kefen
       2 EL Wasser
             Salz

Die Butter schmelzen, die Schalotten darin glasig dünsten. Das Gemüse beigeben, rütteln, bis die Kefen mit der Butter überzogen sind, salzen, das Wasser beigeben. Ohne Deckel weichdämpfen. Nach 10 Min. Garprobe machen! Bei längerem Dämpfen evtl. noch mehr Wasser beigeben. Vorsicht: brennt leicht an!
Das Rezept eignet sich auch für zarte Bohnen (Buschbohnen). Kochzeit: ca. 15 Min.
(Bild S. 80)

Chinesische Kefen (Zuckererbsen)

       3 EL Erdnußöl
       1 TL Salz
     800 g Kefen, schräg in Streifen geschnitten

Das Öl erhitzen, Salz und Gemüse beigeben. 5 – 8 Minuten rösten, dabei sorgfältig mit einem Spachtel wenden. Nicht braun werden lassen.
Zu süß-saurem Geflügelfleisch und Trockenreis.
Das Rezept eignet sich auch für zarte Bohnen (Buschbohnen). Bratzeit ca. 12 Min.

Bohnen kochen

Frisch geerntete Bohnen sind knackig, d.h. sie lassen sich leicht brechen, nicht aber biegen. Buschbohnen sind zart, haben eine wesentlich kürzere Kochzeit (15 – 20 Min.) als Stangenbohnen (je nach Sorte 20 Min. bis 1 Stunde).
Bohnen kocht man in soviel Salzwasser weich, daß sie nur knapp damit bedeckt sind. Nicht zudecken! Sie verlieren sonst ihre Farbe. Nicht mit dem Kochlöffel umrühren, nur aufschütteln. Immer empfehlenswert: Beigabe von Bohnenkraut.

Tessiner Bohnengericht

       3 EL Olivenöl
      1 – 2 Zwiebeln, fein gehackt
          1 Knoblauchzehe, gepreßt
     800 g grüne Bohnen, große evtl.
             entzweigeschnitten
     500 g Tomaten, in Schnitze zerteilt
     200 ml Fleischbrühe
          3 Zweige Bohnenkraut
             Salz, Pfeffer
       2 EL Petersilie, fein gehackt

Das Öl heiß werden lassen, Zwiebel und Knoblauch darin andämpfen, das Gemüse beigeben, durchrütteln, mit der Fleischbrühe ablöschen, würzen, das Bohnenkraut darüberlegen, offen ca. 30 Min. köcheln lassen. Gelegentlich aufschütteln. Mit Petersilie bestreut servieren oder – abgekühlt – mit Rotweinessig beträufelt zu frischem Bauernbrot.
(Bild S. 80)

Kefen (Zuckererbsen)
in Butter,
Rezept S. 79

Tessiner
Bohnengericht,
Rezept S. 79

Gedörrte Bohnen mit Speck

Hierfür braucht man also getrocknete Bohnen:
Am besten eignen sich mittelgroße Stangenbohnen. Zu große Stangenbohnen werden leicht
faserig und zäh, Buschbohnen sind zu fein.
Die möglichst frisch gepflückten Bohnen werden gewaschen, die beiden Enden weggebro-
chen. In leicht gesalzenem Wasser 5 Min. blanchieren, auf einem Küchenpapier abtrocknen.
Auf einem engmaschigen Gitter im Schatten
trocknen lassen, bis sie sich fast brechen lassen.
Die Dauer hängt vom Alter und der Bohnensor-
te ab. In einem Stoffsack aufbewahren. Gleichzeitig dörrt man Bohnenkraut, das man in
einem Extra-Säckchen zu den Bohnen packt.
Ein Jahr haltbar.

1. 150 g *getrocknete Bohnen, über Nacht in*
        lauwarmem Wasser eingeweicht
2.   2 EL *Olivenöl*
       100 g *Kochspeck, in Würfel geschnitten*
          1 *Zwiebel, gehackt*
3. 300 ml *Einweichwasser*
        einige Zweige Bohnenkraut
        Salz, Pfeffer

Das Öl heiß werden lassen, den Speck leicht an-
braten, die Zwiebel beigeben, glasig dünsten.
Die abgeseihten Bohnen beigeben, gut durchmi-
schen. Das Einweichwasser dazugeben, das
Bohnenkraut darauflegen, würzen. Auf kleiner
Flamme eine gute Stunde dünsten, evtl. noch
mehr Wasser beigeben.
Salzkartoffeln oder Polenta gehören dazu.

81

Kohlgemüse

Am dritten Tag, so heißt es in der Bibel, erschuf Gott die Pflanzen, die Bäume und die Büsche, das Gras und die Blumen und natürlich auch das Gemüse.

Ich stelle mir das so vor, daß die Geister Gottes die unterschiedlichsten Gewächse kreierten. Einige Pflanzen allerdings sind so schön, daß da wahrscheinlich der große Chef selbst Hand angelegt haben muß, bei der Zypresse z. B. und bei der Pinie, bei den Orchideen und bei den Steinpilzen. Bei den andern aber, da waren seine Hilfskräfte tätig. Da schreitet also Gott der Allmächtige durch das Paradies und schaut, was so im Entstehen ist, korrigiert da noch etwas, gibt dort eine Anregung, sagt wohl auch einmal:

«Also nein, das können wir beim besten Willen so nicht machen», und verwirft ein Pflänzchen.

Er bleibt bei einem kleinen Unterengel stehen und fragt: «Was wird um alles in der Welt denn das?»

Der Engel wird rot und stottert: «Ich wollte es Kohl nennen, aber gell, es sieht noch überhaupt nicht wie Kohl aus, es müßte irgendwie fülliger sein und nicht so staksig.» Der liebe Gott betrachtete die Pflanze, sie hatte etwas von einer Palme. Jedenfalls war da ein Stiel, an dessen oberem Ende ein paar grüne Blätter befestigt waren. «Besonders schön sieht sie ja nicht aus», sagte er, sicher im Gedanken an die überaus majestätischen Kokospalmen, die ihm sehr gefielen.

«Was kann ich denn damit noch machen?» fragte der kleine Engel, und der liebe Gott sagte: «Weißt du was, dein Kohlpflänzchen, das könnte ein Gemüse sein.»

«Was ist Gemüse?» fragte der kleine Engel.

«Nahrung für die Menschen», antwortete der liebe Gott, «aber die kannst du ja noch nicht kennen, weil wir die erst übermorgen schaffen werden. Im Paradies werden die ja noch kein Gemüse brauchen, weil sie hier von den Früchten leben, die man ohne Arbeit pflücken und essen kann.»

«Bitte, was ist Arbeit?» fragte bescheiden der kleine Engel.

«Also weißt du, das ist so: Ich werde den Menschen erlauben, von allen Früchten zu essen, nur von einer nicht, weil da ein Gift drinsteckt. Wenn sie von der essen, dann gehen ihnen die Augen auf, und sie beginnen nachzudenken. Und wer nachdenkt, ist nicht länger im Paradies, wo man alles hat, was man braucht. Wenn man nachdenkt, muß man selber für sich sorgen und kann nichts mehr mir, dem lieben Gott, überlassen. Und dann müssen sie anfangen zu arbeiten, im Schweiße ihres Angesichts Ersatz zu schaffen für die Früchte des Paradieses. Dann fangen sie an, Tiere umzubringen und aufzufressen, und dann fangen sie an, Pflanzen auszureißen und zu essen, und da wäre dein Kohl natürlich schon recht. Und dann könnten die Menschen auch anfangen, dein Pflänzchen in richtigen Kohl zu verwandeln.»

«Ja, können das die Menschen?» fragte der Engel.

«Keine Spur», sagte der liebe Gott, «aber du wirst dich weiter um diese Pflanze kümmern und wirst, wenn die Menschen es züchterisch halbwegs professionell machen, richtigen Kohl für sie entwickeln. Sie werden zwar meinen, es sei ihre Leistung, aber ohne unsere Mitwirkung würde sich ja bekanntlich gar nichts verändern. Und so sehe ich wunderschöne Kohlköpfe, grüne und rote Kugeln, die köstlich schmecken, Nahrung für viele Menschen, kräftige Nahrung und billige Nahrung für Menschen, die arbeiten müssen, und ich sehe leichtverdauliche, wunderschöne Rosen für die Menschen, denen die Arbeit schwer auf dem Magen liegt und die Kohlköpfe nicht vertragen, und kleine grüne Röslein und kleine runde Kugeln, die schmecken wie Nüsse ...» Und der liebe Gott nahm die goldene Zuckerstreudose, in der die Gene der Pflanzen aufbewahrt waren, und überstäubte das kleine, dürftige Kohlpflänzchen kräftig mit den Möglichkeiten künftiger Entwicklung.

Und der kleine Kohlengel half den Menschen, alle diese wunderbaren Möglichkeiten des Kohls züchterisch zu entdecken und zu entwickeln. Und wenn es gar nicht anders ging, half er mit einer Mutation nach. Und der liebe Gott ist sehr zufrieden mit seiner Arbeit und hat dem kleinen Engel größere Aufgaben in Aussicht gestellt, wenn er wieder einmal eine Welt erschaffen wird.

Nun wächst in der Natur kein Krautkopf wild, weder ein weißer noch ein roter. Wilder Kohl ist ein eher bescheidenes Pflänzlein, das in der Hauptsache im Mittelmeerraum daheim ist, aber auch an den Küsten des Atlantik. Von der Bucht von Biskaya bis nach Helgoland. Er wächst auf Fels, an den Klippen des Meeres wie in den Gebirgen von Kreta, Sardinien und Korsika, Mittel- und Süditalien und auf dem Peleponnes.

Ich habe ihn nie selbst gefunden, jedenfalls nicht bewußt. Aber ich habe Fotos gesehen. Kleine Blätter, die an Kohlrabi denken lassen, hohe Stengel, leuchtend gelbe Blüten. In irgendeinem Buch habe ich gelesen, daß die Inselbewohner in der Ägäis diesen wilden Urkohl bis heute sammeln, kochen und essen. Aber wie, wie wird aus diesem dürftigen Pflänzlein mit seinen wenigen Blättern so etwas wie ein Blätterpaket, sprich Kohlkopf. Das man mit einem Schnitt erntet und das eine vierköpfige Familie spielend ernährt. Natürlich, so hat es wohl angefangen, in der Zeit vor der großen Revolution, da haben die Frauen der Steinzeitjäger die Blätter dieser Pflanze immer wieder gesammelt. Und als der nächste Schritt vollzogen war, der große, eben der revolutionäre, und die Steinzeitmenschen seßhaft geworden waren, da haben sie dieses Pflänzlein vor ihre Hütte gepflanzt. Es ist dort gewachsen. Jahr für Jahr konnte man die Blätter ernten, wenn man nicht zu viele geerntet hat. Überleben mußte die Pflanze schon noch können.

Eines Tages hat Frau Feuerstein die Erde mit einem Stock aufgelockert, damit sie eine junge Kohlpflanze, die sie von den Felsen geholt hatte, besser einpflanzen konnte, und da gedieh diese bedeutend besser, das heißt, sie hatte mehr Blätter und eßbare Triebe als die anderen, und schon war der Gartenbau mit der lockeren Erde von Beeten erfunden. Jetzt brauchte es noch ein paar hundert oder tausend Jahre, damit Frau Feuerstein Zeit hatte, den Samen der Kohlpflanzen im jeweils nächsten Jahr auszusäen, die am meisten Blätter hatten, und schon begann sich das zu entwickeln, was wir heute Kohl nennen. So einfach war das. Es brauchte eben nur Zeit.

Als sich dann auch noch im frühen Mittelalter Mönche und Nonnen der Zucht annahmen, wurde etwas daraus.

Der Klostergarten von St. Gallen sieht im Jahre 820 unter 18 Gemüse- und Kräuterbeeten ein Beet für Kohl vor. Weitere Nachrichten aus dem Mittelalter: Die Werke der heiligen Hildegard sprechen bereits von Stengelkohl, Kohlrabi, Kopfkohl, Rotkohl.

1532 wird in einem Kräuterbuch der erste Kohlkopf abgebildet, und von da an findet man Bilder der unterschiedlichsten Kohlsorten in Kräuterbüchern. Sie werden allerdings hauptsächlich als Heilmittel verwendet.

Im Kräuterbuch «Deß uralten und in aller Welt berühmtesten Griechischen Scribenten Pedacii Dioscoridis ... erstlich durch Joannem Danzium verteutscht ...» aus dem Jahre 1610 finde ich über den Kohl u. a. folgenden Eintrag: «Der zame Koel erweycht den Bauch und Stulgang, wenn er sänfftiglich gesotten gessen wirdt. Volkomlich aber gesotten stillet er den Stulgang und dasselbige viel mehr, wenn er zweymal oder in Laugen gesotten worden ist.»

Kohl, so heißt es weiter, sei gut gegen das Zittern und das «Blödt Gesicht» – was immer das heißt –, nach dem Essen eingenommen vertreibe er die Fülle und «Trunckenheydt». Kohlsaft mit Wein nützt gegen Schlangenbiß, als Pflaster hilft er gegen Podagra und Schmerzen der Glieder, in die Nase gegeben, reinigt er das Haupt und «zum Zäpflein gemacht und in die Schame gesteckt, zeucht er die Mondzeit der Frawen». Kohl soll gut sein gegen Geschwülste und Blattern, gegen Gürtelrose; Kohlblätter mit Salz vermischt öffnen «Karfunckel» und wirken gegen Haarausfall. Kohlsaft bringt die verlorene Stimme zurück, vertreibt die Bauchwürmer und hilft gegen alle Gifte. Es säubert das Angesicht und macht die Gesichtshaut rein.

So geht es eine ganze Seite weiter.

1785 wird zum erstenmal die jüngste der Kohlsorten abgebildet, der Rosenkohl.

Bei einem so alten Gemüse wie dem Kohl ist es natürlich auch kein Wunder, wenn er Gegenstand des Aberglaubens wird. Es beginnt mit der Aussaat bzw. dem Pflanzen und Stecken des Kohls. Am besten ist es, wenn er am Gründonnerstag beim Glockenläuten (am Gründonnerstag verabschieden sich bekanntlich die Glocken und fliegen nach Rom, wo sie bis zum Gloria der Karsamstagliturgie bleiben) gesät wird, damit die Köpfe so groß wie Glocken werden. Das hat er übrigens mit dem Kürbis gemein. Günstig ist der Gregorstag, am 12. März, «der Abend unserer lieben Frauen», der 25. März, Aschermittwoch, Karfreitag, St. Georg, der Walpurgisabend, der Feitstag, Johanni, Jakob. Im ganzen Mai allerdings darf man keinen Weißkohl pflanzen, «weißen Kopf im Mai gibt Köpfe wie ein Ei». Außerdem nicht an Medardi und an St. Erasmus, sonst fressen ihn die Ratten.

Besonders schwierig ist das Einhalten des richtigen Sternzeichens. Kohl darf nicht im Zeichen eines gefräßigen Tieres gesetzt werden, auch nicht im Steinbock. Pflanzt man die Setzlinge im Krebs, gibt es Würmer an den Wurzeln. Desgleichen, wenn man im Schützen pflanzt. Günstig sind die Zwillinge, da gibt es auf jeden Setzling zwei Köpfe, oder der Widder, «dann bekommst du Häupter wie Kübel» und die Fische.

Wird der Kohl nicht bei zunehmendem Mond gepflanzt, gibt es überhaupt keine Köpfe.

Die erste Krautpflanze soll von einem Mann gesetzt werden, damit sie nicht vom Wild gefressen wird. Sie gedeiht besonders gut, wenn sie eine Schwangere pflanzt.

Auf das Kohlbeet legt man einen großen Stein, damit die Köpfe ebenso groß werden.

Die Kohlsamen werden vor dem Aussäen in Weihwasser gelegt, damit sie von Erdflöhen sicher sind.

Wenn man die Hasen vom Kohl abhalten will, dann steckt man an die Ecken des Feldes vier Hölzer, an denen Würste im Rauch gehangen haben.

Wenn die Frauen früher Kohl säten, so sagten sie: «Wird es sein oder wird es nicht sein.» Die Worte, die auf den letzten Wurf fallen, sagten das Gedeihen des Kohls voraus.

Um die Kohlraupen zu bannen, geht der Feldbesitzer an dem Tag, an dem in der Nachbarschaftsgemeinde Kirmes ist, auf seinen Krautacker und ruft: «Geht dort hinüber, dort ist Kirmes», dann ziehen die Raupen fort.

Am Bartholomäustag (24. August) darf man nicht in den Krautacker gehen, weil man sonst den «Bartel» verjagt, der an diesem Tag die Krautköpfe fest und dick macht.

An Johanni gingen früher in manchen Gegenden die Frauen nur mit einem Hemd bekleidet ins Krautfeld und schlugen mit einer Rute einige Krautköpfe. Dadurch werden die übrigen erschreckt und wachsen voller Angst rasch und schön. Im August, so sagt man, versammeln sich die Krautköpfe zu einem großen Rat und machen aus, wer die größten Köpfe tragen muß.

Als Heiratsorakel spaltet das Mädchen die Wurzel einer Kohlpflanze und steckt die Wurzel einer zweiten Kohlpflanze hindurch. Wenn beide anwachsen, wird sie heiraten.

Man kann auch zwei Kohlsetzlinge eng nebeneinander pflanzen und je nachdem, ob sie sich zueinander neigen oder nicht, wird es eine Hochzeit geben oder nicht.

Übrigens, der Mann im Mond ist ein Bauer, der nachts in Nachbars Garten Kohl gestohlen hat.

In der Volksmedizin gilt der Kohl als Wunderheilmittel, den die Bauern «Médecin des pauvres», also Arzt der Armen nennen. Die Russen schwören darauf, daß ihre Vitalität die Quelle im reichlichen Kohlgenuß habe.

Frischer Kohlsaft, den man fünfmal täglich zwei Wochen lang trinkt, gilt als das allerbeste Heilmittel gegen Magengeschwüre.

Ein Wickel aus feingehackten Kohlblättern wirkt gegen Ausschläge und vereiterte Wunden.

Heiße Kohlblätter, die man auflegt, helfen bei Muskelzerrungen, Neuralgien, Ischias und Rheuma.

Wirsing gilt als Mittel bei Gürtelrose, Geschwüren und Wunden. Kohl und Sauerkraut haben genügend Vitamin C, um den Tagesbedarf zu decken.

Captain Cook führte auf seinen Reisen um die Welt Kohl als Nahrungsmittel mit, so daß seine Mannschaft vor dem damals so gefürchteten Skorbut geschützt war.

Botanisch gehört der Kohl zur Familie der Kreuzblütler mit rund 2500 Arten. Aber auch vom Kohl selbst sind mehr als 50 Arten bekannt, zu denen auch Blumenkohl und Brokkoli, Kohlrabi und Rosenkohl gehören.

Kohlgemüse

Weißkraut

Es ist Mai. Mutter und ich sind im Garten. Mutter hat in einem großen Spankorb Setzlinge mitgebracht. Setzlinge für Weißkraut und Rotkraut, vom Gärtner. In der letzten Woche habe ich das Beet richten müssen. Ganz flach umstechen, nicht so wie im Herbst, wo es darum geht, die Erde regelrecht umzukehren. Jetzt im Frühjahr muß die Erde nur gelockert werden. Das könnte man auch mit der Grabgabel tun oder mit der Hacke. Im Herbst ist Mist und Kompost in die Erde gekommen. «Kraut hat's gern reichlich», sagt Mutter, «und locker.» Sorgfältig bearbeitet Mutter das Beet mit dem Rechen. Ganz fein muß die Erde sein, fast wie Sand. An den Rändern ist die Erde etwas höher als in der Mitte. «Damit das Beet die Feuchtigkeit hält.» Ich muß helfen, die Pflanzschnur über das Beet zu spannen, Mutter will alles akkurat. Dann nimmt Mutter das Pflanzholz und macht das erste Loch. Ich muß mit dem Korb bereitstehen und ihr die Pflänzchen geben, eines nach dem andern. Ungefähr einen halben Meter voneinander stehen die einzelnen Pflänzchen und genau hintereinander an der Pflanzschnur entlang. Tief kommen sie in die Erde. Gerade so, daß die untersten Blättchen über die feinkrümelige Erde hinausragen. Wenn Mutter pflanzt, das spitze Pflanzholz in die Erde drückt, das Pflänzchen in das Loch hält und dann wieder mit dem Holz die Erde sorgfältig andrückt, habe ich Gelegenheit, den nächsten Setzling anzuschauen. Irgendwie bin ich enttäuscht. Da sollen doch einmal Köpfe daraus werden, möglichst große Köpfe. Davon ist noch nichts zu sehen. Ein grüner Stiel, ein paar unscheinbare Blättchen dran, am anderen Ende die Würzelchen, das ganze so etwa 15 Zentimeter. Ach ja, wenn ich genau schaue, so ein bißchen sind die Blätter schon nach innen gedreht. Ist das der Anfang vom Krautkopf? «Träum nicht», sagt Mutter «und gib mir den nächsten.» Es gibt viele Gelegenheiten, über die Wunder der Natur nachzusinnen; das ist eine. Aus einem Samenkorn hat sich dieses Pflänzchen entwickelt und es wächst zielstrebig weiter, bis der Kohlkopf fertig ist. Woher kommt das Wissen des Samenkorns, woher das Wissen des Setzlings, wie die zukünftige Pflanze aussehen soll? Welche Kraft bewirkt irrtumslos, daß aus diesem etwas dürftig ausschauenden Gewächs ein Kohlkopf wird? Mutter heißt mich die Gießkanne holen mit Wasser, die Setzlinge müssen angegossen werden. Ich muß Wasser aus der Regentonne am Gartenhaus nehmen, das warm ist. Langsam und vorsichtig geht dieses Angießen vonstatten, das Wasser soll zugleich die Würzelchen in die Erde «einschwemmen».

Mutter steht an ihrem fertig gepflanzten Beet. Gut schaut es aus. Alle Pflanzen in Reihen, die Reihen einen halben Meter voneinander entfernt und die Pflänzchen in den Reihen auf Zwischenraum gepflanzt im Abstand ebenfalls von einem halben Meter. Man möchte meinen, sie betrachte stolz ihr Werk. Ich weiß es besser, sie betet jetzt. Sie erbittet den Segen für ihre Arbeit.

Das Weißkraut, lateinisch: Brassica oleracea, convar. capitata, var. alba. Auf deutsch heißt es auch Weißkraut, Kappes, Kapus, Kabis oder ganz einfach Kraut. Die Engländer sagen White cabbage, die Franzosen chou blanc.

Er ist der klassische Kohlkopf. Er kann weiß sein, gelblich bis grün, und seine Kugelform kann auch die Form eines Eies annehmen. Er ist in Deutschland die bekannteste und geschätzteste Kohlart und das meistgegessene Gemüse, wenn man berücksichtigt, daß aus ihm auch Sauerkraut hergestellt wird, das seinerseits sehr beliebt ist.

Die Wildform, aus der er wohl erstanden ist, kommt von den Küsten des Meeres. Deshalb liebt der Weißkohl auch maritimes Klima und Gebiete mit hohem Niederschlag. Er will einen sonnigen bis halbschattigen Platz und braucht bei Trockenheit eine regelmäßige Bewässerung. Gern hat er einen lockeren, nährstoffreichen Boden. Zwischen Februar und April, je nach Sorte, wird er unter Glas ausgesät oder ab April im Freiland. Ab Mai werden die mindestens 10 bis 15 cm großen Pflanzen ins Freiland versetzt. Gegen Läuse und die sogenannte Kohlhernie hilft das Bestäuben mit Holzasche, Steinmehl, Algenkalk, denn die Krankheit Kohlhernie tritt vor allem in sauren Böden auf. Typische Anzeichen sind Knoten an den Wurzeln und welke Blätter. Sie wird verursacht durch einen Pilz, der im Boden lebt. Aus diesem Grund sollte man auch die Anbaufläche immer wieder wechseln und Kohl höchstens alle drei bis vier Jahre in dasselbe Beet pflanzen.

Der beste Pflanzenschutz aber ist das Pflanzen in Mischkulturen, d.h. zusammen mit anderen Gemüsen. Hier heißt es Pflanzensympathien berücksichtigen, sonst wird das nichts. Mit Salat mag er zusammen wachsen, mit Fenchel, Spinat, Tomaten, roten Rüben; was er nicht mag, sind Zwiebeln, Knoblauch, Lauch und Erdbeeren.

Bis man ihn ernten kann, brauchen frühe Sorten 10 bis 16, späte Sorten 16 bis 22 Wochen.

Die wichtigsten Anbauländer sind die Niederlande, Frankreich, Dänemark, England, Jugoslawien, Griechenland, GUS, Polen, Japan und China.

Nirgends aber wird soviel Weißkohl angebaut wie in Deutschland. Uns Süddeutschen kommt da zuallererst die Filderebene bei Stuttgart in den Sinn. Die Autobahn führt daran vorbei. Und kurz hinter dem Flughafen Stuttgart-Echterdingen kann es zu bestimmten Zeiten des Jahres sein, daß sich die Insassen der Autos mit merkwürdigen Blicken ansehen: Es riecht und zwar keinesfalls so, wie es unter zivilisierten Menschen riechen sollte. Gewitzt aus unguter, entsprechender Erfahrung, pflege ich bei der Ausfahrt Degerloch zu sagen: «Also, wenn es jetzt gleich riecht, dann war es nicht ich, sondern es sind die verfaulenden Blätter des Filderkrauts, das eben geerntet wurde.»

Die Filderebene: Kraut, soweit man schauen kann! Und doch noch gar nichts gegen das Kohlanbaugebiet Dithmarschen in Schleswig-Holstein, wo auf 2225 ha Kohl wächst: das größte Kohlanbaugebiet Europas. Weitere Anbauschwerpunkte in Deutschland sind Glückstadt und die Insel Fehmarn, ebenfalls in Schleswig-Holstein, Neuß/Kempen und Straelen am Niederrhein, die Polder bei Emden in Niedersachsen, die Vierlande bei Hamburg, Niederbayern und Franken. Wen wundert es da noch, daß der Weißkohl als «urdeutsches» Gemüse gilt!

Eine besondere Art von Weißkohl ist der Spitzkohl, dessen Kopf etwas kleiner ist, dafür jedoch nach oben spitz zuläuft und nicht ganz so fest ist. Seine Blattstruktur ist feiner, darum ist er zarter und wohlschmeckender als Weißkohl. Seine Kochzeit ist kürzer. Er ist knackig im Biß und leichter zu verdauen.

Weißkohl enthält 92,1 g Wasser auf 100 g Blätter, hat infolgedessen auch nur 20 kcal. Er enthäl Eiweiß, Kohlenhydrate, Zucker, die Mineralstoffe Kalzium, Kalium, Phosphor, Magnesium, Natrium, Jod und besonders viel Eisen, Pro-Vitamin A, Vitamine der B-Gruppe sowie Vitamin C.

Eine Besonderheit des Weißkohls ist eine Vorstufe des Vitamin C, das Ascorbigen, das sich beim Kochen in Vitamin C verwandelt, während das Vitamin C in allen übrigen Gemüse- und Obstarten durch Kochen zerstört wird.

Weißkohl gibt es praktisch das ganze Jahr auf unserem Markt: Adventskohl von April bis Juni, frühen Weißkohl vom Juni bis September, Herbstweißkohl von September bis Dezember, Dauerweißkohl von November bis Juni.

Zwischen April und Juni nimmt das Weißkohlangebot auf dem Markt ab, während in der übrigen Zeit des Jahres ein starkes Angebot vorherrscht. 90 % des Weißkohls kommen aus dem Inland, nur 10 % werden von November bis April eingeführt, hauptsächlich aus den Niederlanden, Frankreich und Tschechien. Geringere Mengen liefern die Türkei, Polen, Dänemark, Jugoslawien und Italien.

Weißkohl kann problemlos gelagert werden. Bei einer Temperatur von 0 bis 1 Grad und 95 % relativer Luftfeuchtigkeit hält sich Spitzkohl ein bis zwei Wochen, früher Weißkohl drei bis vier Wochen, Herbstweißkohl zwei Monate und Dauerkohl sechs Monate. Der Dauerkohl kann bis Mai, Juni gelagert werden.

Ein angeschnittener Kohlkopf, dessen Schnittfläche abgedeckt ist, kann einige Zeit im Gemüsefach des Kühlschrankes frisch bleiben.

Die Herstellung des Sauerkrautes haben angeblich die Chinesen erfunden.

Sauerkraut wird in Deutschland aus den großen, bis 8 kg schweren Köpfen des Herbst- und Dauerkohls hergestellt. Rund 350 000 Tonnen Weißkraut, das sind an die 90 % der gesamten Ernte, werden jährlich zu Sauerkraut verarbeitet.

Weißkraut
bayrische Art,
Braunes Kraut
mit Wein,
Rezepte S. 94

Gefüllter Kabis
(Weißkohl),
Rezept S. 94

92

Geschmorter Kabis (Weißkohl)

1.   1½ l Wasser
    1 TL Salz
      1 Kabis (ca. 800 g), äußere Blätter
        entfernt, in vier Teile geschnitten,
        Strunk schräg weggeschnitten
2. 150 g Speck, geräuchert, in Scheiben
        geschnitten
      2 Zwiebeln, halbiert, in Scheiben
        geschnitten
  6 – 8 Karotten, geschält, in Rädchen
        geschnitten
      1 Knoblauchzehe, gepreßt
  1 EL Petersilie, gehackt
        Salz, Pfeffer

3. 100 ml herber Rotwein (evtl. durch
        Fleischbrühe ersetzen)
  200 ml Fleischbrühe

Die Kohlstücke ins siedende Salzwasser geben und ¼ Std. köcheln lassen. Aus dem Sud heben, klein hacken.

Eine gut verschließbare Bratpfanne mit den Speckscheiben auslegen, den Kohl und die restlichen Zutaten von 2. lagenweise daraufschichten. Den Wein zugießen. Das Gemüse zugedeckt 50 Min. schmoren lassen. Dabei die Fleischbrühe nach und nach zugeben.

Geschwellte Kartoffeln (Pellkartoffeln) oder Salzkartoffeln dazu servieren.

Weißkraut (Kabis), bayrische Art

1. 1½ l Wasser
    1 TL Salz
    800 g Weißkraut, Strunk entfernt,
    feinnudlig geschnitten
2. 2 EL Butter
    2 EL Mehl
    ½ l Krautwasser
    1 TL Kümmel, evtl. mehr

Die Kohlstreifen ins siedende Salzwasser geben und 20 Min. blanchieren. Abseihen (Krautwasser zurückbehalten).
Die Butter schmelzen, das Mehl beigeben, durchdämpfen, mit dem Krautwasser ablöschen. Den blanchierten Kohl beigeben, Kümmel darüberstreuen, nochmals 20 Min. köcheln lassen. (Bild S. 92)

Braunes Kraut mit Wein

1. 1½ l Wasser
    1 TL Salz
    800 g Weißkraut, Strunk entfernt,
    feinnudlig geschnitten
2. 1 EL Öl
    1 EL Zucker
3. 200 ml herben Weißwein (kann durch
    Kohlwasser + 1 TL Zitronensaft
    ersetzt werden)
    200 ml Kohlwasser

Die Kohlstreifen ins siedende Salzwasser geben und 20 Min. blanchieren. Abseihen (Krautwasser zurückbehalten).
Das Öl (2.) heiß werden lassen, den Zucker beigeben. Mittelbraun karamelisieren. Den Kochtopf vom Feuer nehmen. Die Flüssigkeiten von 3. beigeben (Achtung, spritzt; Topfhandschuh dafür anziehen!). Etwas einkochen lassen, die Kohlstreifen beigeben, nochmals 20 Min. köcheln lassen. (Bild S. 92)

Gefüllter Kabis (Weißkohl)

1. 2 l Wasser
    1 TL Salz
    1 Kabis, ca. 1 kg schwer, äußere Blätter
    entfernt, Strunk keilförmig
    ausgehöhlt, so daß die Blätter noch
    gut zusammenhalten

Füllung:

2. 500 g Hackfleisch
    (Rind, Schwein, Geflügel)
    5 EL Paniermehl
    1 EL Majoran, fein gehackt
    2 EL Petersilie
    1 Ei
    Salz, Pfeffer
3. 2 EL eingekochte Butter (Butterfett)
    400 ml Fleischbrühe

Wasser und Salz aufkochen, den Kabis hineingeben, 20 Min. köcheln lassen. Prüfen, ob er in einer bebutterten Gratinform gut steht, sonst unten noch entsprechend zurechtschneiden. Einen Deckel wegschneiden. Die Blätter etwas zurückrollen. Aushöhlen. Inneres verwenden für Weißkraut bayrische Art oder Braunes Kraut mit Wein (siehe Rezepte links).
Aus den Zutaten von 2. einen festen Teig kneten, diesen in den Kabis füllen. Das Ganze in die Gratinform stellen, mit den Butterflöckchen bestreuen. Die Fleischbrühe ringsum angießen. Im auf 180° C vorgeheizten Ofen 1½ Std. braten, evtl. noch mehr Brühe beigeben.
Salzkartoffeln dazu servieren.
(Bild S. 92)

Kohlgemüse

Auf dem Tisch liegt ein Rotkrautkopf. Im Ofen schmurgelt ein Schweinebraten, ein schönes, rundes **Rotkraut** Stück Fleisch, ein Muskel vom Hinterschinken, 24 Stunden eingelegt in Olivenöl, gespickt mit Knoblauch, parfümiert mit Lorbeerblatt und Rosmarin. Kartoffelbrei wird es dazu geben und eben Rotkraut. Rotkraut mit Speckwürfelchen und gekocht in Burgunderwein.
Teuer war er nicht, der Kopf. An einem Marktstand. Weiß- und Rotkohl gehören immer noch zu den preiswertesten Gemüsen auf dem Markt und werden auch entsprechend viel gegessen.
Um die 35 Millionen Tonnen werden jährlich auf der Welt produziert. Davon die Hälfte in Asien. Dann kommt aber schnell Europa und die Bundesrepublik. Fast 55 % von allem Freilandgemüsebau gilt in Deutschland dem Kohl. Nicht umsonst nennen sie uns die «Krauts». An die 600 000 Tonnen Kohl allein in Deutschland, das meiste Weißkraut.
Ich ziehe die äußeren, beschädigten Blätter ab. Es fasziniert mich immer wieder, wie eng die Blätter eines Kohlkopfes aufeinander gewachsen sind. Da gibt es nicht die mindeste Luft zwischen zwei Blättern. Entsprechend fest haften sie aneinander.
Da liegt er nun, der Kohlkopf, befreit von allem Abfall. Eine runde, steinharte Kugel. Mit einem großen Messer schneide ich ihn auseinander und bin irgendwie jedesmal wieder enttäuscht: Die schützenden Blätter, was schützen sie? Man möchte eine geheimnisvolle Blüte im Innern vermuten oder wenigstens einen Kern wie bei einem Pfirsich. Nichts davon. Man enthäutet einen Kohlkopf, rot oder weiß, und was findet man? Blätter. Und Blätter.

Es kommt mir eine Geschichte in den Sinn.
Es ist die Geschichte von einem jungen Japaner, der einen alten, weisen Mönch fragt: «Alter Mann, sag, was ist der Sinn des Lebens?» Und der alte Mann reicht dem Jungen einen Kohlkopf und sagt: «Schau nach, wo der Sinn des Kohlkopfs ist.»
Und der Junge beginnt wie ich, Blatt für Blatt abzuziehen. Und was er am Schluß findet ist – nichts.
Der junge Mann schaut den Alten an und sagt: «Aber das kannst du doch nicht meinen!»
«Was kann ich nicht meinen?»
«Daß es gar keinen Sinn gibt.»
«Aber natürlich meine ich das nicht», sagt der Alte. «Sag, was hast du in dem Kohlkopf gefunden?»
«Nichts», sagt der junge Mann.
Und der Alte sagt: «Das stimmt doch nicht. Was liegt hier auf dem Boden?»
«Die Blätter, die Blätter, die ich entfernt habe beim Suchen nach dem, was sie verbergen, den Sinn.»

«Also», sagt der alte Mann, «also hast du doch etwas gefunden.»
«Blätter», sagt der Junge abfällig, «nichts als Blätter.»
«Eben», sagt der alte Mann.
«Sind sie vielleicht der Sinn?»
«Ja, es gibt keinen anderen.»

Wieder so ein Wunder. Wieso entsteht rotes Kraut, wo doch Kraut eigentlich grundsätzlich grün zu sein hat. Wenn ich mir das Foto von der Wildpflanze anschaue, von der Wildpflanze, die irgendwo an einer der Meeresküsten wächst, dann sehe ich's: Die Blätter sind zwar grün, aber die Stengel haben dieselbe lila-violette Farbe wie ein Rotkraut, das ja auch nicht rot ist, sondern erst beim Kochen unter dem Einfluß von Säure, sei es Essig, Wein oder auch nur ein Apfel, rot wird. Also jedenfalls ist das Rotkraut eine botanische Variante des Weißkrauts, und das schlägt sich dann auch im lateinischen Namen nieder: Brassica oleracea convar. capitata var. rubra, deutsch heißt er auch Rotkohl, Blaukraut, Roter Kappes, Rotkabis. Die Engländer sagen Red cabbage und die Franzosen Chou rouge.
Gibt es außer der Farbe einen Unterschied zum Weißkraut? Er schmeckt ein wenig süßlicher. Die rote Farbe kommt übrigens von einem Stoff namens Anthozian.
Die Köpfe sind sehr fest und die Blätter darin sind auf oft abenteuerliche Weise zusammengefaltet.
Die Köpfe können flachrund sein, eiförmig, aber auch kugelrund.
Das Rotkraut gehört in Deutschland neben dem Weißkraut zu den beliebtesten Gemüsen. Allerdings: Gegessen wird das Rotkraut vor allem im Winter. Es ist genau betrachtet unser eigentliches Wintergemüse. Ein fetter Schweinebraten gehört dazu, eine Gans, eine Ente, Wild. Und zur Zubereitung Äpfel, Zwiebeln, Kastanien, Backpflaumen und Speck.
Die moderne Küche aber verwendet das Rotkraut ganzjährig für feine Rohkostspeisen und Salate. Die beschädigten Blätter werden entfernt, der Strunk wird herausgelöst, das Kraut wird fein gehobelt. Es gibt eine Fülle von delikaten Rezepten, die zum Teil auch aus der asiatischen Küche kommen. Man kann übrigens die Blätter des Rotkrauts auch für Krautwickel verwenden, was eine farblich interessante Variante auf dem Teller darstellt.
Rotkraut ist sicherlich keine Nahrung für Magenkranke, obwohl es im ganzen feiner ist als das Weißkraut. Seine feste Zellstruktur macht es schwer verdaulich. Eine Möglichkeit ist das Würzen mit Kümmel.
Wie das Weißkraut enthält das Rotkraut Eiweiß, Kohlenhydrate, die Mineralstoffe Kalzium, Kalium, Phosphor, Eisen, das Pro-Vitamin A, die Vitamine B 1 und B 2 und wie das Weißkraut verhältnismäßig viel Vitamin C.
Wie beim Weißkraut gibt es auch beim Rotkraut frühe, mittelfrühe, Herbst- und Dauersorten. Aber da der Rotkrautverbrauch sich auf den Winter konzentriert, macht das frühe Rotkraut nur 10 % des Angebots aus. Die wichtigste Rolle spielt das Dauerrotkraut, das den ganzen Winter über im Angebot ist.

Rotkohl mit glasierten Kastanien

1. 3 EL *Butter oder Schweineschmalz*
   1 *Rotkohl, ca. 800 g, Wurzelansatz und äußere Blätter entfernt, in vier Teile geschnitten, Strunk durch Schrägschnitt entfernt, gehobelt oder in feine Streifen geschnitten*
   1 *Apfel, geschält, geviertelt, Kerngehäuse entfernt, in feine Streifen geschnitten*
   2 EL *Rotweinessig*
   1 *Prise Zucker*
      Salz, Pfeffer
2. 1 *Tasse heißes Wasser*
   1 *Zwiebel, geschält, ganz belassen, besteckt mit*
   1 *Lorbeerblatt*
   2 *Nelken*
3. 3 EL *Madeira oder Portwein, evtl. trockener Rotwein*
4. 2 EL *Johannisbeergelee*
5. 1 l *Fritieröl*
   750 g *Kastanien, dem Rand nach eingeschnitten*
   2 EL *Zucker*
6. 100 ml *Fleischbrühe, heiß*
   1 TL *Zitronensaft*
7. 2 EL *Butter*

Butter (1.) schmelzen, die übrigen Zutaten von 1. der Reihe nach zugeben, immer wieder durchmischen. Mit dem Wasser (2.) ablöschen, die besteckte Zwiebel dazulegen. Zugedeckt auf kleinem Feuer köcheln. Umrühren. Nach ½ Std. den Wein zugeben, weitere 20 Min. kochen.
Die Zwiebel entfernen, Gemüse mit dem Johannisbeergelee verfeinern. Evtl. nachsalzen. Warmstellen.
Öl (5.) auf 180° C erhitzen.

Die Kastanien in einem Schaumlöffel oder im Fritiersieb 5 Min. fritieren, etwas auskühlen lassen, schälen, die braunen Häutchen entfernen. Die Kastanien sollten möglichst ganz bleiben. In eine Gratinform legen (sie sollen nur eine Lage bilden).

Den Zucker karamelisieren, Kochtopf vom Feuer nehmen. Mit den übrigen Zutaten von 6. auflösen. (Achtung: spritzt, Topfhandschuh anziehen!). Die Lösung über die Kastanien träufeln. Diese zugedeckt weichdämpfen.

Die Butter (7.) schmelzen und vor dem Anrichten darüberträufeln.
Die Kastanien im Kranz um das auf einer gut vorgewärmten Platte angerichtete Rotkraut legen.
Zu Wild oder Schweinebraten, gebratener Gans.

Kohlgemüse

Kohlrabi, Rosenkohl, Wirsing

Der goldene Regen von Genen, von Entwicklungsmöglichkeiten, die der liebe Gott über die unscheinbare Kohlpflanze gestreut hat, hat ein Wunder der Entwicklung bewirkt. Da sind die grünen und roten Kohlköpfe, entwickelt aus den Blättern der Pflanze, da sind die Blumenkohlrosen und die Brokkoli, entwickelt aus den Blütenständen der Pflanze. Aber damit nicht genug: Auf der Insel Jersey gibt es zum Beispiel einen Riesenkohl, der bis zu 3,50 m groß wird. Aus dem holzigen Strunk werden Spazierstöcke hergestellt, und die unteren Blätter werden an die Kühe verfüttert.

Kohlrabi

In unseren Gärten gedeiht eine Kohlform, die Markstammkohl heißt. Auch sie wird bis zu 2 m hoch. Bei ihr hat sich der Stiel entwickelt. Er wird bis zu 10 cm dick und kann, wenn man das Mark herausschält, wie Kohlrabi gegessen werden, während die grünlich-blauen, fleischigen Blätter als Winterfutterpflanze für die Tierhaltung dienen können.

Bis in die 70er Jahre wurde der Markstammkohl in Norddeutschland als Rinderfutter angepflanzt. Heute, so lese ich, sei er weitgehend verschwunden.

Auch beim Kohlrabi handelt es sich um eine Verdickung des Pflanzenstiels. In diesem Fall allerdings nicht über die ganze Länge, sondern nur im mittleren Teil.

Es ist etwas Merkwürdiges mit dem Kohlrabi. Während das Weißkraut zwar in besonders großer Menge, vor allem wegen der Sauerkrautherstellung, in Deutschland angebaut und verbraucht wird, ist Anbau und Konsum dennoch nicht auf Deutschland allein konzentriert. Anders ist es mit dem Kohlrabi. Ihn gibt es nur in deutschsprachigen Ländern. Deswegen hat man auch angenommen, er stamme ursprünglich aus Nord-, Nordost- und Nordwesteuropa.

Der römische Schriftsteller Plinius berichtet von einer Kohlform, die er pompeianischen Kohl nennt, und es scheint so, als habe es sich dabei um einen frühen Kohlrabi gehandelt. Das kann der Vermutung widersprechen, der Kohlrabi sei in Nordeuropa daheim, muß es aber nicht, denn die Römer haben Obst- und Gemüsearten, die ihnen gefielen, aus allen Bereichen ihres Reiches nach Italien geholt.

In der alten Bundesrepublik wurden jährlich 35 000 bis 40 000 t Kohlrabi produziert, die alle auch hier verbraucht wurden. Damit war die Bundesrepublik der größte Produzent und Verbraucher zugleich, etwa 3 % der Gemüseanbaufläche in der Bundesrepublik waren dem Kohlrabi gewidmet, und etwa 10 % des gesamten Gemüseanbaus unter Glas.

Hauptanbaugebiete sind Nordrhein-Westfalen, der Niederrhein, Bayern und Baden-Württemberg. Es gibt allerdings auch in den Niederlanden, Italien, Frankreich, Österreich, Rumänien und Polen einen geringen Kohlrabi-Anbau, der aber so gut wie ausschließlich für den Export in die Bundesrepublik bestimmt ist.

In tropischen Gebieten kann der Kohlrabi nicht angebaut werden, weil er durch Wärme zu schnell holzig und hart wird. So wie sich die Blätter des Kohls bei Weißkohl und Rotkohl im Charakter von den Blütenständen bei Blumenkohl und Brokkoli unterscheiden, so unterscheiden sich beide wieder vom Kohlrabi, den man auch zu den Stengelgemüsen zählt.

Er ist ein eigenständiges Gemüse. Die Knollen sind rund, blattrund, oval und können bis zu 20 cm Durchmesser und mehr erreichen. Sie können weißlich sein, kräftig grün und je nach ihrem Anthozyan-Gehalt rötlich bis violett gefärbt. Zwar werden die rötlich gefärbten Kohlrabi auf dem Markt bevorzugt, aber die Farbe spielt bei der Zubereitung überhaupt keine Rolle, denn man schält wenigstens die größeren Kohlrabi vor der Zubereitung.

Der Kohlrabi schmeckt nur ganz wenig nach Kohl. Sein charakteristischer Geschmack ist eher nußartig. Die Kohlrabi aus dem Treibhaus sind zarter als die würziger schmeckenden Pflanzen aus dem Freiland.

Ernährungsphysiologisch ist der Kohlrabi mit dem Blumenkohl vergleichbar. Seine wichtigsten Inhaltsstoffe sind Kohlenhydrate (Zucker), Eiweiß, noch mehr Kalium als beim Blumenkohl, mehr als die doppelte Menge Magnesium, das Dreifache an Kalzium, dann Eisen, Phosphor, die Vitamine C, Provitamin A, Vitamine B1 und B2, B6. Kalorien hat der Kohlrabi gleichviel oder gleich wenig wie der Blumenkohl, nämlich 21 kcal pro 100 Gramm.

Bemerkenswert ist, daß der Gehalt an Eiweiß und an anderen Inhaltsstoffen in den Blättern höher ist als in der Knolle. So ist zum Beispiel der Gehalt an dem wichtigen Mineralstoff Phosphor in den Blättern zweieinhalb mal höher. Deshalb sollte man wenigstens die zarten Herzblätter des Kohlrabi mitverzehren.

Beim Einkauf sollte man Knollen bevorzugen, die noch nicht die volle Größe erreicht haben. Man hat dann die Gewähr, daß sie noch zart sind und keine holzigen Teile enthalten.

Zur Zubereitung wird der Wurzelansatz großzügig abgeschnitten, desgleichen die Blätter direkt an der Knolle. Dann werden die Knollen gewaschen und am besten abgebürstet. Junge Kohlrabi braucht man nicht zu schälen. Bei den älteren verfährt man wie bei einem Apfel.

Die Knollen werden in Viertel, Achtel, Scheiben oder Würfel geschnitten. Für den Rohverzehr kann man sie auch raspeln. Kohlrabi sind ein beliebter Bestandteil von Rohkostgerichten und Salaten. Als Gemüse sind sie eine beliebte Beilage zu Fleischgerichten.

Kohlrabiblätter kann man für Rouladen verwenden.

Zum Tiefgefrieren eignet sich Kohlrabi sehr gut.

Tiefgefrorener Kohlrabi (geputzt, küchenfertig geschnitten und blanchiert) bleibt bis sechs Monate haltbar. Man kann auch fertige Kohlrabi-Gerichte ohne Probleme tiefgefrieren.

Der Kohlrabi wird zwischen Februar und April unter Glas ausgesät oder zwischen April und Juni im Freiland. Die Pflanzzeit ist von April bis Juli. Frühe Sorten brauchen bis zur Ernte 8 bis 12 Wochen, späte Sorten 10 bis 14. Die Setzlinge sollten etwa 10 cm groß sein, wenn man sie pflanzt.

An Klima und Standort hat der Kohlrabi keine besonderen Ansprüche. Er will einen sonnigen bis halbschattigen Platz und genügend Wasser. Das Beet, auf dem er wächst, sollte nicht zu reichlich gedüngt sein. Als Dünger kommen verrotteter Stallmist oder Kompost in Betracht.

Als Schutz gegen Schädlinge pflanzt man auch den Kohlrabi in einer Mischkultur. Er schätzt die Nachbarschaft von Bohnen, Gurken, Radieschen, Salat und Sellerie. Besonders gern hat er Borretsch. Vorbeugend kann man ihn mit vergorener Brennesseljauche besprühen.

Sein lateinischer Name ist Brassica oleracea convar. acephala var. gongylides.

Kohlrabi neigt zum Verholzen, auch noch nach der Ernte. Dieser Vorgang wird ausgelöst durch heißes Wetter, Trockenheit auf dem Feld und zu lange Lagerzeit. Das Verholzen beginnt dort, wo der Wurzelstamm an der Knolle ansetzt.

Sind die Blätter grün und frisch, kann man im allgemeinen davon ausgehen, daß der Kohlrabi frisch geerntet ist. Außerdem kann man mit dem Messer prüfen, ob die Knollen holzig sind oder nicht. Kann man neben dem Stammansatz leicht mit der Messerspitze einstechen, ist die Knolle einwandfrei.

Leider kann man diese Prüfung schlecht im Gemüsegeschäft vor dem Kauf durchführen, denn wo käme man hin, wenn jeder im Kohlrabi herumstupfen würde. Und nach dem Kauf wird man auch so merken, daß die Knolle holzig ist.

Der Verkauf von Kohlrabi erfolgt meist stückweise, in Bündeln oder seltener nach Gewicht.

Im Gemüsefach des Kühlschranks hält sich der Frühkohlrabi acht Tage ohne Qualitätsverlust. Die Blätter sollte man davor abschneiden.

Die späten Sorten sind generell besser lagerfähg. Man kann sie in feuchten Sand einschlagen, wenn sie noch Wurzeln haben, oder ohne Blatt und Wurzel für einige Wochen zu den Winterkartoffeln legen.

Die jüngste Kohlform, die die genetische Veranlagung der Pflanze und das züchterische Geschick der Menschen hervorgebracht hat, ist **der Rosenkohl.**

Rosenkohl

Vor 200 Jahren ist er in der Gegend um die Stadt Brüssel zum ersten Mal gewachsen. Darum heißt er auch englisch Brussels sprouts und französisch Chou de Bruxelles.

Der Rosenkohl, der bei uns in Deutschland auch Sprossenkohl, Brüsseler Kohl, Brabanterkohl und Rosenwirsing heißt, ist eine zweijährige Pflanze, die bis zu einem Meter hoch wird. Nach der Winterkälte würde sie im zweiten Jahr blühen. Ich sage würde, weil man die Knospen der künftigen Blüte noch im ersten Jahr als «Röschen» erntet. Also im großen und ganzen könnte man sagen, auch beim Rosenkohl werden wie beim Blumenkohl und Brokkoli, die Blüten gegessen, nur daß man eben eine sehr frühe Form der Blüten, nämlich die Knospen, aberntet. Diese Röschen können einen Durchmesser von mehr als 4 cm haben, sind rund, ballonförmig, keulenförmig, eiförmig. Sie können hell- und dunkelgrün sein und wie kann es anders sein beim Kohl, der Farbstoff Anthozyan, der schon bei der Urpflanze die Blattstiele blau färbt, kann wieder auftauchen, und schon sind die Röschen auf rare Weise rot. Nur leider geht wie beim violetten und roten Blumenkohl beim Kochen die Farbe verloren, so daß die zubereiteten roten Rosenköhlchen von grünen nicht mehr zu unterscheiden sind.

Rosenkohl ist ein Feingemüse, denn die kleinen Knospenblättchen sind sehr gut verdaulich und damit bekömmlich, und außerdem hat Rosenkohl mehr Vitamine als die übrigen Kohlsorten.

Gut vergleichbar sind seine Inhaltsstoffe mit dem Brokkoli, was ja kein Wunder ist, denn schließlich ist Brokkoli ja der grüne Blütentrieb, also das, was aus den Röschen hervorkommen würde, wenn man sie ließe.

In der Herbst- und Wintermonaten ist damit Rosenkohl ein überaus wichtiger Vitamin- und Mineralstofflieferant.

Die Ernte beginnt bei uns Ende August und dauert bis in den Dezember. Da Rosenkohlpflanzen bis zu minus 12 Grad vertragen, kann man an günstigen Plätzen sogar bis in den April hinein vom Felde ernten. Zum Schutz gegen tiefere Temperaturen ist es allerdings ratsam, Rosenkohl an geschützten Orten anzupflanzen bzw. mit Stroh und Reisig abzudecken.

Nun sagt man, man müsse den ersten Frost abwarten, ehe man Rosenkohl erntet. Und in der Tat, Frost erhöht den Zuckergehalt der Röschen und verfeinert damit wesentlich den Geschmack. Außerdem wird die Zellstruktur gelockert, und die Röschen werden verdaulicher und bekömmlicher.

Wenn man also vor dem ersten Frost Rosenkohl erntet, dann gefriert man ihn am besten zunächst einmal im Kühlschrank (bei ca. – 4 bis 6 Grad).

Rosenkohl eignet sich hervorragend zum Tiefgefrieren. Die Röschen werden geputzt und drei Minuten blanchiert. Nach dem Tiefgefrieren bleiben sie 9 bis 12 Monate frisch.

Auch wenn die Röschen frisch sind, muß man bei Rosenkohl mit ca. 20 % Abfall rechnen: Der Stengelansatz muß entfernt werden und die äußeren zwei bis drei Blättchen. Nach dem Putzen werden sie im kalten Wasser gewaschen. Das Stengelende wird kreuzweise eingeschnitten, damit auch dieses dickere Teil gleichmäßig gar wird.

Die Röschen werden in Salzwasser gekocht oder in Butter gedünstet (nach 15 bis 18 Minuten hat der Rosenkohl noch Biß).

Der deutsche Rosenkohlanbau deckt weniger als 15 % der Nachfrage. Von September bis März kommt der Rosenkohl aus den Niederlanden. Von Oktober bis Dezember gibt es Importe aus Polen, von Januar bis März aus Spanien und von Februar bis März aus Großbritannien.

Der Verkauf auf dem Markt erfolgt meist lose, nach Gewicht. Da die Röschen nicht lange haltbar sind, müssen sie so schnell wie möglich verkauft und verbraucht sein. Sind die Deckblättchen welk und gelblich, haben die Röschen schon viel von ihrem Geschmack und den Vitaminen verloren.

Wirsing

Wenn meine Mutter im Herbst ihren Garten bestellt bzw. wenn ich die gesamten 8 Ar umgestochen hatte, dann gab es zwischen den groben Schollen des umgestochenen Gartens einige Inseln. Da war zum Beispiel an einer Stelle aus gekreuzten, in den Boden gesteckten Bohnenstangen eine Ablage für Bohnen- und Tomatenstangen gemacht.

Und dann waren da noch einige Pflanzeninseln. Die eine bestand aus Lauch, die zweite bestand aus Rosenkohl und die dritte aus Wirsing. Wie verloren standen die Lauchstengel mit ihren herabhängenden grünen Blättern da. Die Rosenkohlpflanzen hatten etwas Trotziges. Der Wirsing aber schaute aus, als wäre er ganz einfach vergessen worden. Dabei hat er mit dem Rosenkohl gemeinsam, daß er erst richtig schmeckt, wenn einmal Frost darübergegangen ist. Auch bei ihm entsteht durch den Frost Zucker, auch bei ihm wird die Zellstruktur der Blätter gelockert, so daß sie verträglicher und bekömmlicher werden: Ein Feingemüse, das sich durchaus auch für die Krankenkost eignet.

Dabei vertragen manche Sorten des Wirsing auch 15 Grad unter Null. Der Winter gehört einfach mit dazu, und geerntet wird er im Frühling.

Die bekannteste Sorte heißt Advent, und so ist der erste Wirsing, der auf dem Markt erscheint, der Adventwirsing.

Wirsing, der auch Wirsingkraut, Wirsching, Savoyerkohl, Welschkohl, Welschkraut, Wersich, Pörschkohl, Wirz heißt, ist die drittwichtigste Kohlsorte auf dem deutschen Markt, der überwiegend aus deutschem Anbau versorgt wird. Es gibt allerdings eine Einfuhr aus Frankreich (Bretagne) und aus Italien. Der deutsche Anbau hat seinen Schwerpunkt in dem Gebiet um Hamburg, Braunschweig-Wolfenbüttel, Düsseldorf-Krefeld, Bielefeld-Söst, in Rheinland-Pfalz, in Hessen, in Bayern, in den Ländern der ehemaligen DDR.

1988 wurden in der Bundesrepublik 47 000 Tonnen geerntet. Der Adventwirsing kommt im April und Mai auf den Markt. Frühwirsing im Juni/Juli, Sommerwirsing Juni bis August, Herbst- und Dauerwirsing August bis November, in milden Wintern bis Februar.

Wirsing gibt es das ganze Jahr auf dem Markt.

Verkauft wird der Wirsing nach Gewicht oder stückweise.

Von den Kohlkopfsorten hat der Wirsing die geringste Haltbarkeit. Das hängt damit zusammen, daß die Köpfe bei weitem nicht so fest gepackte Blätter haben wie Weiß- und Rotkraut. Dennoch entsprechen die Lagermöglichkeiten im Gemüsefach des Kühlschranks etwa dem des Weißkrauts.

Der Wirsing wird zwischen Februar und April ins Frühbeet, zwischen April und Juni ins Freiland gesät. Nach etwa sechs Wochen, zwischen Mai und Juli, kommen die Setzlinge ins Freibeet. Nach zehn bis vierzehn Wochen sind die frühen Sorten erntereif, späte Sorten brauchen achtzehn bis zweiundzwanzig Wochen. Sie mögen einen sonnigen bis halbschattigen Standort mit ausreichender Bewässerung. Der Boden soll nährstoffreich und locker sein, wobei das Beet im vorangegangenen Herbst mit Kompost und verrottetem Stallmist oder Hornmehl gedüngt worden sein soll. Drei Wochen vor dem Pflanzen sollte man Kalkstickstoff auf das Beet streuen, um der Kohlhernie zu wehren.

Dem Pflanzenschutz dient auch beim Wirsing die Mischkultur. Wirsing mag gerne in der Nachbarschaft von Salat und Erbsen wachsen.

Der Geschmack des Wirsings ist kräftig und angenehm würzig. Als Feingemüse hat er nur ein mildes Kohlaroma. Zur Rohkost eignet er sich nicht. Er wird gekocht oder gedünstet verzehrt. Nimmt man die Rezepte für den Weißkohl hinzu, so ist der Wirsing außerordentlich vielfältig verwendbar.

Für das Tiefgefrieren eignet sich der Wirsing gut. Die geputzten Blätter werden zwei Minuten blanchiert. Das tiefgekühlte Gemüse hält sich acht bis zehn Monate, während Fertiggerichte aus Wirsing zwei Monate haltbar sind.

Kohlrabi
Rosenkohl

Kohlrabi kochen

Die Kohlrabi werden gewaschen, man schneidet die Wurzel und die Blätter mit dem Blattansatz weg, läßt aber die zarten Herzblätter stehen. Schälen, indem man von unten gegen oben die Schale wegschneidet. Holzige Fasern entfernen, in Schnitze zerteilen, evtl. holzige Teile entfernen. In Scheiben oder Stifte (wie Pommes frites) zerschneiden.
Das Gemüse in soviel kochendes Wasser geben, daß es knapp damit bedeckt ist. Kochzeit 15 Min. Garprobe machen!
Zarte Kohlrabi kann man auch in Butter dünsten, ohne sie vorher blanchiert zu haben.

Kohlrabi mit Kräuterbutter

1. *2 EL Butter*
    2 EL Petersilie, ganz fein gehackt
    2 EL Schnittlauch, ganz fein gehackt
    1 TL Zitronensaft
2. *800 g Kohlrabistifte, 15 Min. gekocht*
    Salz, Pfeffer
3. *evtl.*
    2 EL Paniermehl

Die Butter schmelzen, die Zutaten von 1. beigeben, 1 Min. dämpfen. Die Kohlrabistifte kurz mitdämpfen, auf einer vorgewärmten Platte anrichten, evtl. mit Paniermehl bestreuen.
Zu kurz gebratenem Fleisch, Suppenfleisch oder Braten. (Bild S. 106)

Rosenkohl kochen

Die Röschen waschen, dabei die welken Blätter entfernen. Bei großen Exemplaren den Strunk mit dem Küchenmesser einstechen. In reichlichem Salzwasser 10 Min. blanchieren (Garprobe!), dabei niemals zudecken. Rosenkohl verliert sonst seine schöne grüne Farbe. Kochwasser abgießen.

Rosenkohl Tante Liesel

1. *1 EL Butter*
    50 g Speckwürfelchen
    1 Zwiebel, grob gehackt
    800 g Rosenkohl gekocht (siehe oben)
2. *1 EL Butter*
    2 Scheiben Kastenbrot, gewürfelt

Die Butter schmelzen, die Speckwürfelchen darin anbraten, dann die Zwiebel mitdünsten, Rosenkohl beigeben, gut umschütteln, in einer gut vorgewärmten Schüssel anrichten, warmstellen.
Die Butter von 2. schmelzen, die Brotwürfelchen darin hellbraun rösten, über den Rosenkohl geben.
Am besten zu Schweinefleisch oder Wild.
(Bild S. 107)

Wirsing kochen

Vom Wirsing die beschädigten Blätter wegschneiden, den Strunk entfernen, je nach Größe
den Wirsing halbieren oder vierteln, gut
waschen. Dicke Blattrippen wegschneiden. In
reichlichem Salzwasser 30 bis 40 Min. kochen
(Garprobe!). Nicht zudecken!

Wirsingroulade

1. *Die 4 äußersten, schönen Blätter eines*
   Wirsings (Totalgewicht ca. 1 kg, Rest
   des Wirsings siehe 7.)
2. *1 EL Butter*
   1 Zwiebel, gehackt
   2 EL Petersilie, gehackt
   1 Brötchen, in Würfel geschnitten, in
   Wasser eingeweicht, ausgedrückt
3. *600 g Rindfleisch, gehackt*
   1 Ei
   Salz, Pfeffer, Paprikapulver
4. *1 Stück Pergament- oder Backpapier*
5. *4 Scheiben gekochter Schinken*
6. *1 Stück Bratfolie*
7. *Die beiseite gelegten restlichen*
   Wirsingblätter
   2 EL Butter
   100 ml Fleischbrühe
   Salz, Pfeffer, Muskat
   ¼ l Rahm

Die Wirsingblätter (1.) 15 Min. in kochendem
Salzwasser blanchieren, dann die Blattrippen so
herausschneiden, daß die Blätter ganz flach aus-
gelegt werden können. Den Rest des Wirsings
beiseite legen (siehe 7.).
Butter von 2. schmelzen, Zwiebel und Petersilie
beigeben, kurz dämpfen; das Brötchen ebenfalls
beigeben, gut vermengen, auskühlen.
Die Zutaten von 3. zum obigen Teig geben. Alles gut durchkneten, abschmecken.

Das Pergamentpapier (ca. Größe eines Kuchen-
blechs) auf den Tisch legen, befeuchten, mit
nassen Händen den Fleischteig darauf ausbrei-
ten (1 cm dick).
Die Schinkenscheiben (5.) auf den Fleischteig
legen. Ringsum 2 cm Rand frei lassen. Auf die
Schinkenscheiben die blanchierten Wirsingblätter verteilen. Durch Aufheben des Papiers das
Ganze (natürlich ohne Papier) aufrollen. Die
Ränder mit Hilfe von etwas kaltem Wasser gut
verstreichen. Die Roulade in die Bratfolie geben
und im auf 180° C vorgeheizten Backofen 60
Min. braten.
Die restlichen Wirsingblätter waschen, grob
hacken, tropfnaß zu der geschmolzenen Butter
(7.) geben. Zugedeckt 40 Min. schmoren, dabei
nach und nach die Fleischbrühe beigeben, würzen, vor dem Servieren den Rahm beigeben,
nochmals kurz erhitzen.
Mit Salzkartoffeln, Kroketten oder Kartoffelstock (Püree) servieren. (Bild S. 107)

Wirsing läßt sich roh oder gekocht auch als
Salat verwenden.

Wirsingroulade, Rezept S. 105

Kohlrabi mit Kräuterbutter,
Rezept S. 104, Bild unten

Rosenkohl Tante Liesel,
Rezept S. 104, Bild unten rechts

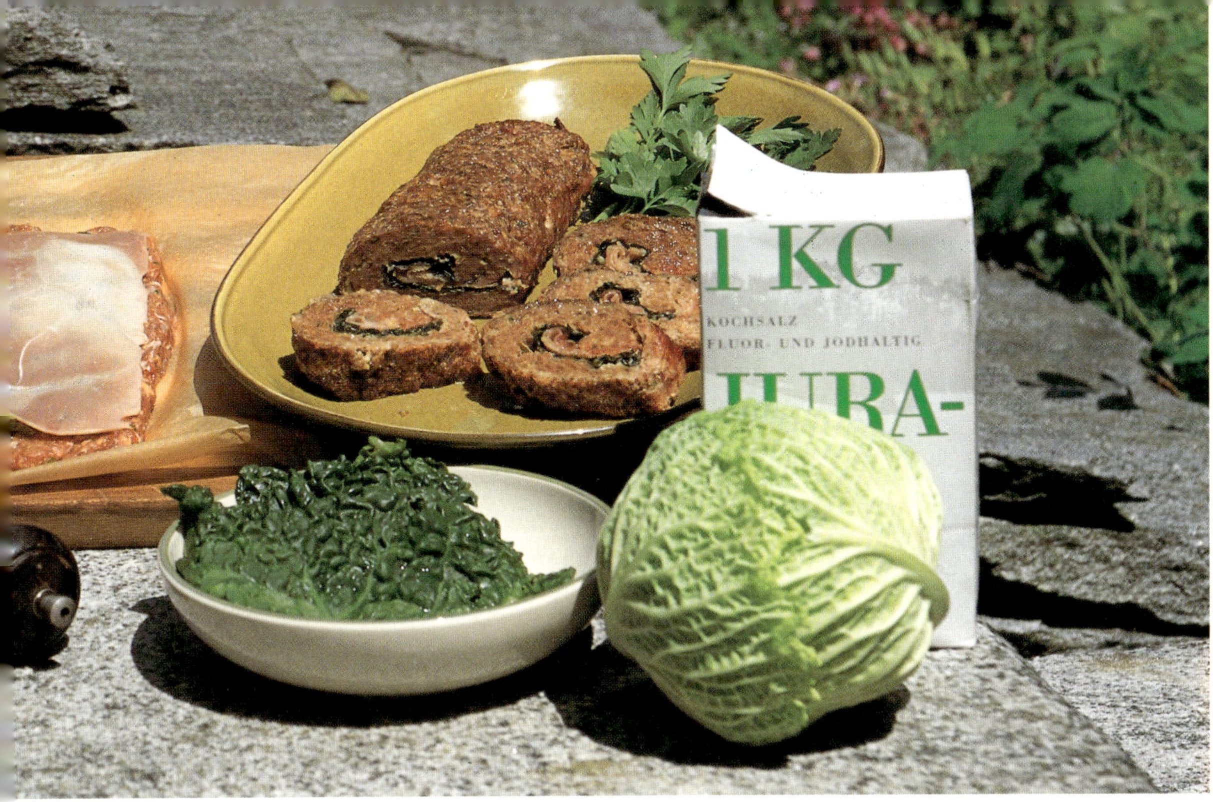
1 KG
KOCHSALZ
FLUOR- UND JODHALTIG

Kräutersenf

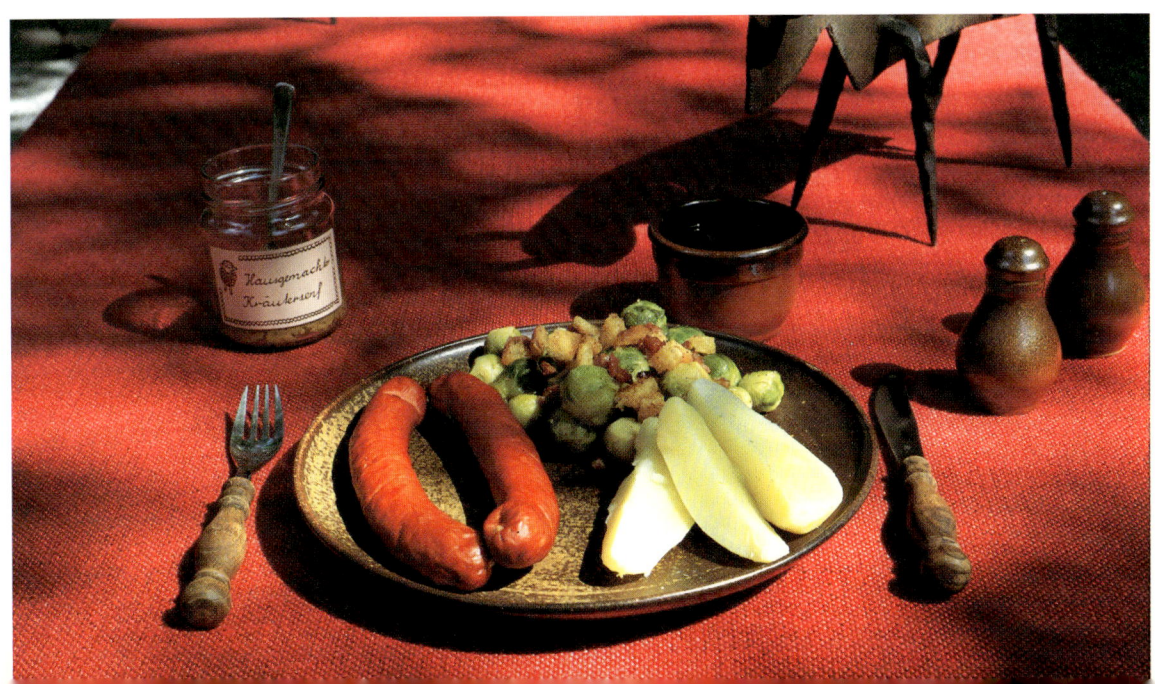

Kohlgemüse

Blumenkohl, Brokkoli (Broccoli) oder Spargelkohl

Blumenkohl

Es war einmal ein Sultan in Bagdad. Der hatte eine wunderschöne und kluge Tochter. Jeden Tag mußte sie um ihn sein, selbst bei seinen Regierungsgeschäften im großen Thronsaal. Wohlverschleiert, versteht sich. Er fragte sie oft nach ihrer Meinung in den Streitigkeiten, die die Untertanen vor ihren Herren brachten, und sie wußte klug die Reden der Parteien zu durchschauen. Der Sultan, dem seine Frauen keinen Sohn geschenkt hatten, nannte das Mädchen seinen Augapfel und die Freude seines Lebens.

Natürlich sahen das die Hofleute nicht ohne Neid und Mißgunst. Und war es Gift oder war es nur das böse Denken, das bekanntlich manches Unglück herbeiruft, jedenfalls eines Tages blieb die schöne Sultanstochter in ihrem Gemach, und als der Sultan nach ihr rief, erschien eine Sklavin, warf sich vor ihm auf den Boden und sagte: «Verzeiht, Herr, aber Fatima, meine Herrin, Eure geliebte Tochter ist krank. Sie vermag sich nicht aus dem Bett zu erheben.»

Und Fatima blieb krank. Es wurden Ärzte geholt und Heilkundige, sie wußten mancherlei Rat, aber Fatima blieb krank, ja, sie wurde von Tag zu Tag schwächer, weil sie nichts aß. Selbst die allerfeinsten Delikatessen, goldene Äpfel aus dem fernen Westen, zuckersüße Datteln von der Oase Faran, Wein von Zypern, wies sie zurück. Der Sultan wußte sich nicht mehr zu helfen.

Wieder erschienen die Ärzte und Heilkundigen. Sie untersuchten das Mädchen aufs neue, horchten und klopften, rochen und schmeckten, schüttelten den Kopf und gingen.

Einer blieb, ein uralter Mann.

Er sagte: «Gebt dem Mädchen eine Blume zu essen ...»

Eine Chrysantheme wurde gekocht in der Milch einer Kamelstute, die bekanntlich die süßeste Milch ist, und Honig von Thymianblüten kam dazu und kostbarer Zimt aus Indien.

Fatima mochte noch nicht einmal daran riechen.

Ein griechischer Händler brachte Marmelade aus den Blüten der hundertblättrigen Rose. Fatima versuchte ein winziges Löffelchen. Mehr nicht.

«Sie muß aber essen», sagten die Ärzte, «sonst wird sie nicht gesund!»

Ein Gewürzhändler aus Kuwait brachte die braune, unansehnliche Frucht einer kostbaren Orchidee wie er sagte. Wunderbar dufteten die Körner, als der Kaufmann mit seinem malayischen Kris die Schote aufschlitzte. Fatima fand keinen Gefallen am Duft der Vanille, sowenig wie an dem Salat aus den Blüten der Kapuzinerkresse, den ein einfacher Diener des Sultans von seiner Frau brachte, noch an den kandierten Veilchen aus Kreta. «Sie muß aber essen», sagten wieder die Ärzte.

Unter den Soldaten des Sultans war ein junger Offizier, der in großer Liebe der Sultanstochter zugetan war. Einer heimlichen Liebe, wie konnte es anders sein, sie war eben darum umso brennender.

Er hatte eines Tages das Angesicht von Fatima gesehen, als sie vom Harem kommend zum Thronsaal eilte und den Gesichtsschleier noch ordnete. Seitdem war sein Herz verloren. Er trat vor den Sultan und bat um Urlaub. Er wolle in die Welt gehen, um die heilende Blume zu finden.

Der Sultan gewährte ihm den Urlaub und ließ ihm noch ein schnelles Pferd dazu geben. Achmed, so hieß der junge Mann, war ein Prinz aus Kurdistan, und er ritt hinauf ins Land seines Vaters und den fragte er nach der Blume, die nährte, die Kranken Kraft gibt und Gesundheit. Der Vater wußte nichts von ihr, aber er wußte von einer alten Kräuterfrau, die die Geheimnisse von Leben und Tod kannte.

Lange schaute sie Achmed in die Augen. «Du liebst die Tochter des Sultans?» sagte sie. «Du wirst sie zur Frau bekommen. Nach dem Tod des Sultans wirst du Sultan werden. Dann erinnere dich an dein kurdisches Volk in den Bergen. Ich werde dann nicht mehr leben, aber du wirst für die Deinen sorgen.

Und jetzt steig hinauf zur Burg Alamud. Im Garten des Alten vom Berge gibt es immer noch ein Stück Paradies. Und dort wächst die Blume, die du suchst, die Königin des Gartens. Sag dem Herrn der Berge, daß ich dich schicke und daß er dir eine der Blumen mitgeben soll.

Hülle sie in deinen Mantel. Sie darf die Sonne nicht sehen und hüte dich, sie zu drücken, sonst wirst du sie nimmermehr nach Bagdad bringen. Bring sie dem Koch des Sultans, er soll sie sorgfältig kochen in dem klaren Wasser der Berge, mit dem Salz des Meeres. Und dann soll er sie mit goldener geschmolzener Butter übergießen. Und kostbare Muskatblüte soll er zerreiben und darauf streuen.»

Und so geschah es. Achmed brachte die Blume nach Bagdad, der Koch des Sultans tat mit ihr, wie ihm geheißen.

Fatima lag in seidenen Kissen in ihrem Haremsgemach.

Da roch sie einen seltsam feinen Duft. Der Obereunuch schob den schweren Vorhang aus Goldbrokat zur Seite, und zwei Mohrenknaben trugen eine goldene Platte herein. Auf der lag zubereitet die weiße Blume, die Königin des Gartens. Ein Diener reichte Fatima einen Teller, sie kostete die unbekannte Speise. Sie schmeckte ihr wohl und sie aß, eine Portion und noch eine. Und sie aß sich an der weißen Blume gesund.

Der Sultan belohnte Achmed reich. Und als dieser seine Liebe bekannte und Fatima gegen den gutaussehenden Achmed auch nichts einzuwenden hatte, gab er ihm Fatima zur Frau und machte ihn zugleich zu seinem offiziellen Thronfolger.

Die Blume aber, die Königin des Gartens, wurde eine beliebte Speise. Achmed ließ Pflanzen aus dem Paradies des Alten vom Berge holen und sie im fruchtbaren Land am Euphrat und am Tigris anpflanzen. Sie blieb nicht nur die Lieblingsspeise der Sultanin, sie wurde beim ganzen Volk beliebt. Und das ist er bis heute geblieben. Der Blumenkohl.

Ein Märchen. Erfunden, um vom Blumenkohl zu erzählen. Wissenschaftlich ist nämlich nicht allzuviel aus seiner Geschichte zu berichten. Vielleicht dies:

So erstaunlich es klingt, der Blumenkohl ist ein direkter Verwandter des Weißkrauts und des Rotkrauts, oder sagen wir so: Sie haben eine gemeinsame Urmutter, nämlich jenes bescheidene Pflänzlein, das mit der Bezeichnung Brassica oleracea var. silvestris an den Meeresküsten daheim ist. Irgendeinem unserer Vorfahren aus der Familie Feuerstein schmeckten die Blätter des Kohls keinesfalls so gut wie die Knospen seiner Blüten. Und nach einigen Hunderten oder Tausenden von Jahren war durch systematische Zucht eine Pflanze erreicht, deren Hauptbestandteil der sogenannte Blütenstand war, eben der Blumenkohl. Das kann man heute noch deutlich sehen, wenn zum Beispiel der Blumenkohl, der nur wenige Tage in seinem Idealzustand verbleibt, zu spät geerntet wird, dann entstehen nämlich mehr oder weniger deutlich hervorgewölbte kleine Buckel: Blütenknospen.

Zum erstenmal wurde Blumenkohl vor 1500 Jahren erwähnt, und seit mindestens 500 Jahren gibt es ihn in Nordeuropa. Wahrscheinlich haben die Mönche des Mittelalters in ihren Klostergärten der Entwicklung des Blumenkohls den letzten Anstoß gegeben. In einem Kräuterbuch des Jahres 1622, geschrieben von einem gewissen Joachim Camerarius, gibt es das erste Bild der Pflanze.

Botanisch gesehen ist also die Blume des Blumenkohls oder wie es auch heißt, der Käse oder die Rose oder die Traube, ein gestauchter und umgeformter Blütenstand mit all seinen Verästelungen, umgeformt zu einer halbkugeligen, geschlossenen, fleischigen Masse.

Lateinisch heißt der Blumenkohl Brassica oleracea convar. botrytis var. botrytis. Deutsch heißt er auch Karfiol, Karviol, Käsekohl, Italienischer Kohl, Blütenkohl, Traubenkohl, Brüsseler Kohl. Die Engländer nennen ihn cauliflower, die Franzosen Chou fleur.

Der Blumenkohl ist besonders deswegen so beliebt, weil sein Kohlgeschmack sehr zurückhaltend ist. Und während die Kohlarten, bei denen die Blätter gegessen werden, wegen der rauhen Struktur dieser Blätter Probleme bei der Verdauung machen, ist die zarte Zellstruktur dieses Blütengemüses ausgesprochen leicht verdaulich. Zusammen mit Lauch, Spargel und Salat gilt er wegen seines geringen Zelluloseanteils als sogenanntes Feingemüse. Er eignet sich durchaus als Kranken-, Schon- und Diätkost.

Andererseits ist Blumenkohl eines der vielseitigsten Gemüse, was die Zubereitung betrifft. Blumenkohl kann man kochen, schmoren, braten, fritieren, in Teig ausbacken, überbacken, zerteilt oder als Ganzes zubereiten, als Suppe, Salat, Auflauf, als Hauptgericht oder Beilage.

Blumenkohl wird überall in der Welt angebaut und gegessen, er hat in der nordeuropäischen Küche ebenso selbstverständlich seinen Platz wie in der südeuropäischen, in der arabischen wie in der asiatischen. Entsprechend zahlreich und unterschiedlich sind die Rezepte für seine Zubereitung.

Blumenkohl enthält Eiweiß, Kohlenhydrate, nennenswerte Mengen an Kalium, Magnesium und Kalzium, Phosphor und besonders viel Vitamin C; bei 91,6 % Wassergehalt hat er nur 22 kcal pro 100 g. Durch die Zubereitung geht allerdings viel von dem Vitamin C verloren: durch Kochen 24 %, durch Dämpfen 22 %, im Dampfkochtopf 25 % (das heißt allerdings, daß bei dem hohen Vitamingehalt auch nach dem Zubereiten noch viel übrigbleibt!).

7 kg Blumenkohl werden in Deutschland pro Kopf und Jahr gegessen, dabei wurden in den alten Bundesländern nur 260 000 Tonnen angebaut. Der Rest wird importiert, vor allem aus Italien, Frankreich, Belgien und den Niederlanden. Der Import macht insgesamt 60 % des Verbrauchs aus.

Die größten Erzeuger für Blumenkohl sind China mit 1 Mill. Tonnen und Indien mit 700 000 Tonnen. Sie essen allerdings ihre gesamte Ernte jeweils selbst auf. Das ist kein Wunder, denn gerade in der asiatischen Küche mit ihrer großen Zuneigung zu Gemüse spielt dieses feine Gemüse eine große Rolle.

Bei uns in Deutschland wünscht man sich den Blumenkohl weiß. Aus diesem Grund werden die äußeren grünen Blätter, die die Blume umhüllen, nach innen geknickt oder über der Blume zusammengebunden und bilden so einen natürlichen Sonnen- und Lichtschutz für die Blume, die vor allem bei Sonneneinstrahlung ihre Farbe verändert. Neue Blumenkohlzüchtungen haben bereits Herzblätter, die sich von selbst nach innen drehen und die Blume schützen, so daß sich das arbeitsintensive Knicken und Zusammenbinden erübrigt.

In Italien und Frankreich hat man nichts gegen Farbe beim Blumenkohl, ja, man setzt ihn sogar mit Absicht der Sonne aus. Je mehr, desto stärker ist die Verfärbung.

Der Wildkohl hat – Sie erinnern sich – grüne Blätter und lila-violette Stiele. Beide Farben sind also im Erbgut auch des Blumenkohls vorhanden. Und so ist in Italien und Frankreich sowohl grüner Blumenkohl als auch Blumenkohl mit rot-violetten Farbnuancen auf dem Markt.

Der grüne Blumenkohl bietet dabei nicht nur optisch ein interessantes Bild auf dem Eßtisch, er hat darüber hinaus auch erheblich mehr Vitamin C, Eiweiß und Mineralstoffe als der blasse, weiße Blumenkohl. Der violett-rote Blumenkohl verliert beim längeren Garen leider seine interessante Farbe und wird grün. Amerikanische Wissenschaftler haben einen gelben Blumenkohl gezüchtet, der viel Karotin und Provitamin A enthält.

Eine Variante des grünen Blumenkohls ist der Türmchenkohl oder Romanesco, der neuerdings auch in Deutschland zunehmend angebaut wird. Er läßt mit seiner Form an orientalische Minarette denken. Um diese Form zu erhalten, wird er ganz zubereitet.

Im Hausgarten schätzt man den Blumenkohl, weil er verhältnismäßig rasch erntereif ist. Er braucht dazu nur 8 bis 12 Wochen. Damit kann er also vor oder nach anderen Gemüsearten angepflanzt werden. Ist die Blume abgeschnitten, der Blumenkohl geerntet, bleiben viele Blätter übrig, die sich zur Gründüngung eignen.

Auch der Blumenkohl hat seine Sympathien. Er gedeiht besonders gut in der Nachbarschaft von Kartoffeln, Dill und Roten Rüben. Frühblumenkohl braucht ein mildes Klima und viel Wasser. Sommerblumenkohl liebt eher kühleres Klima und hohe Luftfeuchtigkeit. Hell soll allerdings der Standort sein. Er braucht viele Nährstoffe und will einen humushaltigen, sandigen Lehmboden.

Ausgesät wird er ins Frühbeet im Februar und März oder ins Freiland im April und Mai, die Bodentemperatur soll dabei 15 Grad betragen.

Von April bis Juli werden Jungpflanzen ins Freie gesetzt. Die Pflanzung Mitte Juli bringt im Oktober noch eine Ernte. Der Blumenkohl muß öfter gehackt werden und braucht regelmäßige Bewässerung.

Sobald sich Blumen bilden, müssen sie durch Umknicken der Herzblätter vor Sonne und Licht geschützt werden.

In Deutschland wird Blumenkohl von Ende Mai bis Ende Oktober geerntet. Im November und Dezember kommt Blumenkohl aus den Niederlanden, von November bis April aus Italien, im April und Mai aus Frankreich, Ende Mai aus Belgien, ab Juni wieder aus den Niederlanden.

Zusammen mit der deutschen Ernte ist damit eine ganzjährige Versorgung des deutschen Verbrauchers gesichert.

Eine Besonderheit des Blumenkohlmarktes ist, daß der Blumenkohl, wie oben schon gesagt, seine optimale Reife während weniger Tage hat und dann geerntet werden muß. Das bedeutet, daß oft große Mengen auf dem Markt angeboten werden und sich damit auch die Preise entsprechend verändern. Die Möglichkeit, sich bei billigem Preis mit Blumenkohl einzudecken, wird durch die geringe Lagerfähigkeit eingeschränkt.

Der Blumenkohl aus deutscher Erzeugung wird ausschließlich mit gestutzten Umblättern bzw. einigen wenigen kleinen, am Kopf dicht anliegenden Blättern vermarktet. Der Strunk muß dabei möglichst kurz unter den Blättern abgeschnitten sein. Die Köpfe werden zum Teil auch ohne Blatt in Folie oder Celophan angeboten, allerdings sind sie zum raschen Verbrauch bestimmt. Verkauft wird Blumenkohl sowohl stückweise als auch nach Gewicht.

Blumenkohl ist sehr druckempfindlich. Gedrückte Stellen werden nach 1 bis 2 Tagen braun.

Im Regal des Händlers sollte der Blumenkohl nicht zu lange dem vollen Licht ausgesetzt sein, weil er schon nach wenigen Stunden seine Farbe verliert. Dabei muß man allerdings zwischen der Gelbfärbung mancher, vor allem italienischer Blumenkohlsorten, und dem Gelb bis Braun durch UV-Strahlung nach der Ernte unterscheiden.

Über die Frische des Blumenkohls sagt allerdings das Weiß oder die Knackigkeit der Blätter nicht allzuviel aus. Ein viel deutlicheres Indiz ist der Geruch. Schnuppert man an der Schnittfläche des Strunks und riecht dieser nicht angenehm, dann sollte man von einem Kauf absehen.

Gelagert werden kann der Blumenkohl nur beschränkt. Im Gemüsefach des Kühlschranks hält er sich nur ein paar Tage. Im Kühlhaus des Händlers bei 0 bis 1 Grad C und 95 % relativer Luftfeuchtigkeit kann man Sommerblumenkohl vier bis sechs Wochen, Herbstblumenkohl bis zu acht Wochen lagern.

In ganz speziellen Kühlhäusern mit Gasatmosphäre (CO_2 und O_2) kann die Haltbarkeit bis zu zwei Monaten ausgedehnt werden.

Blumenkohl darf nicht zusammen mit Obst- und Gemüsearten gelagert werden, die zum Beispiel wie Äpfel das Gas Äthylen ausscheiden: Die Blume vergilbt und die Blätter lösen sich vom Strunk. Bei zu langer Lagerung beginnt der Blumenkohl (unangenehm) zu riechen.

Wenn man den Blumenkohl ganz zubereiten möchte, so empfiehlt es sich, die Blume etwa eine Viertelstunde kopfunter in kaltes Essigwasser zu legen, weil zwischen den Röschen Käfer und Insekten stecken können. Dies gilt vor allem für den Sommerblumenkohl aus dem Freiland.

Dann sollte man den Strunk kreuzförmig einschneiden, damit er ebenfalls gar wird.

Die nicht zu harten grünen Blätter und vor allem die kleinen zarten Blättchen am Kopf und zwischen den Röschen sollte man nicht wegwerfen, man kann sie in Butter dünsten, sie bilden dann eine zusätzliche Beilage.

Gibt man ein wenig Zitronensaft in das Kochwasser des Blumenkohls, so bleibt er besonders schön weiß.

Betrachtet man den wilden Kohl bzw. sein Foto und einen Blumenkohl, so möchte einem die Entwicklung schier unglaublich erscheinen. Aber die Sache wird glaubhafter, wenn man bei dem Vergleich eine Brokkolipflanze dazu nimmt. Sie stellt ganz offensichtlich eine entwicklungsmäßige Zwischenphase dar. Noch ist die etwas geißige Grundform des wilden Kohls erhalten, aber schon sieht man, worauf es ankommen wird: die Blütenstände. Tatsächlich ist der Brokkoli jener Vorläufer unseres Blumenkohls, den offenbar die Römer schon kannten.

Botanisch heißt Brokkoli Brassica oleracea convar. botrytis var. italica. Auf Deutsch heißt er auch Spargelkohl, Bröckelkohl, Brokkerl, Sprossenbrokkoli, Grüner Blumenkohl. Englisch heißt er sprouting broccoli, die Amerikaner sprechen von Calabrese und die Franzosen sagen brocoli. In Italien kann mit Brokkoli auch farbiger Blumenkohl gemeint sein und in England Winterblumenkohl.

Brokkoli ist ein wahrer Bestseller unter den Gemüsen. Er ist erst vor wenigen Jahren außerhalb Italiens bekannt geworden und hat einen regelrechten Siegeszug durch die Märkte aller europäischen Länder angetreten. Nach den USA kam er mit italienischen Auswanderern als Calabreser Brokkoli, und sein Erfolg war dort so groß, daß heute seine Anbauflächen größer sind als die für Blumenkohl.

Ursprünglich war Brokkoli eine Spezialität Italiens, und so ist auch heute das Haupterzeugerland Italien, ganz speziell die Landschaft Apulien. Aber auch die anderen Mittelmeerländer, vor allem Spanien und nördlich gelegenere Länder mit mildem, maritimem Klima wie Frankreich und Großbritannien, sind bedeutende Produzenten. Auch in Deutschland sind Anbauflächen wie Konsum in stetigem Wachstum begriffen. Die deutsche Produktion erfolgt vor allem in marktnahe gelegenen Gemüseanbaugebieten wie zum Beispiel die Vierlande für Hamburg, Nordrhein-Westfalen für die Städte an Rhein und Ruhr.

Wie beim Blumenkohl sind es beim Brokkoli die Blütenstiele und die Blütenknospen, die «Blume», die eßbar sind. Während der Blumenkohl eine festgeschlossene fleischige Masse bildet, bestehen beim Brokkoli deutlich differenziertere, meist dunkelgrüne Blütenknospen, die auf verzweigten fleischigen Stielen sitzen und nur einen sehr locker formierten Kopf bilden. Daneben gibt es Seitentriebe am Hauptstamm der Pflanze, die spargelartigen Charakter haben (Spargelkohl) und an denen sich nach der Ernte der bereits entwickelten Blume neue Blumen entwickeln.

Die Ernte der Brokkoli ist also kein einmaliger, die Existenz der Pflanze beendender Prozeß, sondern kann mehrere Male erfolgen. Die Seitentriebe der Pflanze nennt man übrigens in der Schweiz Broccoletti. Während beim Blumenkohl zumindest in Deutschland eine weiße Farbe erwünscht ist und durch Abdecken mit den Herzblättern erreicht wird, sind die Brokkoliblumen, die in vollem Licht heranwachsen, dunkelgrün. Es gibt allerdings auch Sorten, die weiße, aber auch gelbe und violette Blumen haben.

Kopfbrokkoli heißen diese Varianten, die manchmal gar nicht mehr eindeutig von Blumenkohl unterschieden werden können. Vor allem von den für die Edelgastronomie interessanten Miniblumenkohlköpfen, die meist in Frankreich angebaut werden und die ebenfalls alle Farben zwischen weiß und violett haben können.

An ernährungsphysiologischem Wert ist der Brokkoli dem Blumenkohl in vielfacher Hinsicht überlegen. Sein Eiweißgehalt, sein Gehalt an Kohlenhydraten, an Mineralstoffen wie Kalium, Kalzium, Phosphor und Eisen und Vitaminen ist höher als beim Blumenkohl. So ist der Eisengehalt zum Beispiel höher als der des Spinats, der Gehalt an Pro-Vitamin A dreißigmal so hoch wie im Blumenkohl, der Gehalt an Vitamin C nahezu so hoch wie im Paprika. Brokkoli schmeckt intensiver als Blumenkohl, fast wie Spargel oder wie Spinat. Andererseits ist Brokkoli genauso gut verdaulich wie Blumenkohl und damit ebenfalls als Schonkost geeignet.

Außer der Blume kann man auch die geschälten Stiele und die Blätter essen. Man ißt sie entweder mit der Blume oder bereitet sie für sich zu, was ein wirsingartiges Gemüse ergibt. Im übrigen wird Brokkoli wie Blumenkohl zubereitet. Seine Garzeiten sind allerdings kürzer. Vor dem Kochen sollte man die Blumen eine halbe Stunde in Salz- oder Essigwasser legen, weil ähnlich wie beim Blumenkohl, sich allerlei Kleingetier zwischen den Röschen verbergen kann. Die Haupttriebe brauchen übrigens 15 Minuten Garzeit, die Seitentriebe 10 Minuten, jeweils im kochenden Wasser.

Brokkoli läßt sich auch in unseren Gärten anpflanzen. Er wird zwischen Februar und April im Frühbeet ausgesät, zwischen April und Juni im Freiland. Die Pflanzzeit ist sechs Wochen nach der Aussaat von Mai bis Juni möglich. Die durchschnittliche Kulturdauer bis zur Ernte beträgt 14 bis 22 Wochen.

Die Pflanzen, die bis zu 50 cm hoch werden, sollten mit einem Abstand von 50 cm gepflanzt werden. Wie beim Kohl ist die beste Form des Pflanzenschutzes die Anpflanzung in der Mischkultur. Ansonsten durch Bestäuben mit Holzasche, Steinmehl und Algenkalk.

Die Kultur des Brokkoli verlangt sonnige bis halbschattige Standorte, auf gut gelockertem und gelüftetem Boden, der mit reifem Kompost, verrottetem Stallmist, Hornspänen und Knochenmehl vorbereitet wurde. Die Brokkolipflanzen wollen bei Trockenheit gewässert werden.

Die noch geschlossenen grünen Blütenstände werden mit 10 bis 20 cm Stiel abgeschnitten. Brokkoli kann mehrmals geerntet werden. Die nachwachsenden Blumen bleiben allerdings kleiner. Mehr noch als beim Blumenkohl kommt es beim Brokkoli auf den richtigen Zeitpunkt der Ernte an. Dieser ist gekommen, wenn die Knospen aufblühen wollen. Dabei kann es bei warmem Wetter auf einen halben Tag ankommen. Bei zu später Ernte, das heißt, wenn die Blüten sich schon öffnen, die Blume locker ist und einen gelblichen Schimmer hat, geht der feine Geschmack verloren und die Triebe werden holzig.

Haupterntezeit in Deutschland ist August bis Oktober. Von Oktober an bis in den Mai wird der deutsche Markt von Italien versorgt. Geringe Einfuhren erfolgen auch aus Spanien, Frankreich, den Niederlanden und Großbritannien.

Die jährliche Gesamteinfuhr liegt bei 200 000 bis 250 000 Tonnen.

Brokkoli ist sehr transportempfindlich und muß sehr sorgsam behandelt werden. Bei einer Temperatur von 0 bis 1 Grad und 90 % relativer Luftfeuchtigkeit ist er im Kühlhaus ein bis zwei Wochen haltbar. Im Kühlschrank hält er sich ein bis zwei Tage frisch. Da die Gefahr des Austrocknens besteht, sollte er in Haushaltsfolie eingewickelt werden oder wenigstens mit Folie abgedeckt werden.

Brokkoli läßt sich ohne Aromaverlust ausgezeichnet einfrieren.

Blumenkohl

Blumenkohl polnische
und Tessiner Art,
Rezepte S. 118

Blumenkohlsuppe,
Rezept S. 118/119

Blumenkohl kochen

Putzen: Alle grünen Blätter entfernen. Den Strunk abschneiden. Zieht man es vor, den Blumenkohl zerteilt zu kochen, so kann man ihn nach dem Blanchieren wieder zusammensetzen, indem man ihn – die Blume nach unten – sanft in eine entsprechend große Schüssel drückt und dann auf die für den Service vorgesehene Platte stürzt.
Weichkochen während 20 Min. (ganzer Kohl eher mehr).
Dem Salzwasser gibt man etwas Milch bei. Um den starken Kohlgeruch zu mildern, kann man dem Kochwasser ein Stück Brot und ein Lorbeerblatt beigeben. Garprobe: beim Strunk prüfen, ob er weich ist.

Blumenkohl polnische Art

1.   *1 Blumenkohl (ca. 1 kg)*
         1½ l Wasser
         1 TL Salz
2.   *1 Ei, hartgekocht, fein gehackt*
         1 EL Petersilie, fein gehackt
         1 TL Zitronensaft
3.   *3 EL Butter, braun*

Den ganzen Blumenkohl wie oben beschrieben putzen, wässern, ins kochende Salzwasser geben, ca. 20 Min. kochen (Garprobe!), abseihen. Auf einer gut vorgewärmten Schüssel anrichten. Die Zutaten von 2. miteinander vermengen, über den Blumenkohl streuen. Die Butter langsam erhitzen, köcheln lassen, bis sie hellbraun ist. Kurz vor dem Servieren über den Blumenkohl gießen. (Bild S. 117)

Blumenkohl Tessiner Art

1.   *Blumenkohl kochen wie für*
         Blumenkohl polnische Art
2.   *2 EL Paniermehl*

1 EL Sbrinz oder Parmesankäse
3.   *3 EL Butter*

Die Zutaten von 2. miteinander vermengen, über den Blumenkohl streuen.
Die Butter (3.) langsam erhitzen, köcheln lassen, bis sie hellbraun ist. Kurz vor dem Servieren über den Blumenkohl geben. (Bild S. 117)

Blumenkohlsuppe (Crème Dubarry)

1.   *2 EL Butter*
     2 EL Mehl
     800 ml Hühnerbrühe
     1 kleiner Blumenkohl, in 1 cm große
       Scheiben zerteilt
       (12 schöne Röschen beiseite legen)
2.   *½ l Wasser*
     1 TL Zitronensaft
     ½ TL Salz
3. *100 ml Milch*
4.   *3 Eigelb*
     150 ml Rahm
5.   *Salz, Cayenne-Pfeffer*
     ½ TL Zitronensaft
     2 EL Schnittlauch, fein gehackt
6.   *1 EL Butter*
     2 Scheiben Toastbrot, in Würfel
       geschnitten

Die Butter (1.) schmelzen, Mehl beigeben, gut durchrühren, mit der Hühnerbrühe ablöschen. Die weniger schönen Blumenkohlröschen beigeben, köcheln, bis das Gemüse ganz weich ist (ca. 30 Min.). Die schönen Röschen in den Zutaten von 2. nicht ganz gar kochen (ca. 15 Min.), kalt abspülen, abtropfen lassen. Die Suppe mit dem Stabmixer pürieren oder durch ein Sieb streichen. Die Milch (3.) beigeben, aufkochen.
Die Zutaten von 4. miteinander verrühren. Eine Tasse Suppe beigeben. Die Zutaten von 5. und die Röschen beigeben, verrühren, alles zur Sup-

pe geben. Nochmals erhitzen, aber nicht mehr kochen.
Die Butter von 6. schmelzen, das Toastbrot darin hellbraun rösten, über die angerichtete Suppe streuen. (Bild S. 117)

Blumenkohl und Broccoli mit Sauce Hollandaise

Gemüse:
1. 500 g Blumenkohlröschen
   500 g Broccoliröschen und Strunkstücke
   2 × 1 l Wasser
   2 × 1 knapper TL Salz

Sauce:
2. 4 EL Weißweinessig
   2 EL Wasser
   ½ Zwiebel, fein gehackt
   5 Pfefferkörner
   1 TL Petersilie, fein gehackt
3.
   2 – 3 EL Wasser, kalt
   3 Eigelb
   3 EL Butter in Stückchen
   200 ml Blumenkohlsud
   1 TL Zitronensaft
   Salz

Blumenkohl- und Broccoliröschen separat weichkochen.
Kochzeit Blumenkohl: ca. 20 Min. (Garprobe am Strunk!)
Kochzeit Broccoli ca. 12 Min. (Garprobe!).
Abseihen, Blumenkohlwasser zurückbehalten.
Das Gemüse auf einer vorgewärmten Platte dekorativ anrichten. Warmstellen.
Für die Sauce die Zutaten von 2. in einer flachen Pfanne kochen, bis nur noch ca. 2 EL Flüssigkeit übriggeblieben sind. Abseihen, abkühlen, in ein Pfännchen geben, das man in einen zweiten, größeren, mit Wasser gefüllten Kochtopf stellt

(Wasserbad). Das Wasser darf nur ziehen, nicht kochen. Die Zutaten von 3. in der angegebenen Reihenfolge beigeben. Jedesmal gut umrühren (Butterflöckchen portionenweise). Schwingen, bis die Sauce dicklich und schaumig ist. Möglichst sofort servieren, sonst im Wasserbad warmhalten.
Gemüse und Sauce separat servieren. (Bild S. 120)

Broccoli-Omeletten

1.   6 Eigelb, verrührt
     Salz, Pfeffer
     6 Eiweiß, steif geschlagen
2.
     2 – 3 EL Butter
3.   500 g Broccoli-Röschen, gar gekocht,
           warmgestellt
4.   3 EL Sbrinz oder Parmesankäse, gerieben
     3 EL Butter
           ergibt 4 – 5 Omeletten

Die Eigelb würzen, die Eiweiß darunterziehen.
Jeweils einen Teil der Butter (2.) schmelzen, soviel von der Eimasse mit einem Schöpflöffel in eine Bratpfanne geben, daß der Boden bedeckt ist. Hellbraun braten. Einen Teller darüber legen. Pfanne mit dem Teller umdrehen, das Omelett vom Teller wieder in die Pfanne gleiten lassen, auf der zweiten Seite ebenfalls hellbraun braten. Auf einem vorgewärmten Teller anrichten, die Broccoli-Röschen so drapieren, daß sie über die eine Hälfte des Omelettenrands herausragen, sie mit Käse bestreuen, die Butter von (4.) hellbraun werden lassen, etwas davon über das Gemüse geben.
Die zweite Hälfte der Omelette darüberschlagen. Warmstellen, bis alle Omeletten gebacken sind.
Man kann zur Ergänzung auch ein zweites, am besten saures Gemüse (z. B. Spargel in Essig) mit in die Omeletten einpacken. (Bild S. 120)

Broccoli

Broccoli-Omeletten,
Rezept S. 119

Blumenkohl und
Broccoli mit
Sauce Hollandaise,
Rezept S. 119

Zwiebelgemüse

Zwiebel, Knoblauch, Lauch

Nach einer alten türkischen Sage, ich habe sie schon einmal an anderem Ort erzählt, wuchs dort, wo **Zwiebel** Luzifer nach seiner Vertreibung aus dem Himmel seinen rechten Fuß auf die Erde stellte, eine Zwiebel und am Ort seines linken Fußes ein Knoblauch. Luzifer, das ist der erste Sohn Gottes, der Sohn, der sich gegen den Vater aufgelehnt hat, weil er sein wollte wie er. Und als er die Erde betrat, da brachte er die göttliche Kraft mit sich, die er ja als Geist des Widerspruchs, als Satan, was Widersacher bedeutet, nicht verloren hatte. Aus dieser göttlichen Kraft sprießen Zwiebeln und Knoblauch. Zwiebeln und Knoblauch haben die ganze Widersprüchlichkeit der luziferischen Existenz an sich. Einerseits sind sie wichtige Heilmittel, andererseits aber bringen sie mit ihrem infernalischen Gestank auch Zwietracht unter die Menschen. Von der Zwiebel sagt man, sie fördere die Liebe, sei vor allen Dingen den Männern eine wichtige Hilfe in diesen Dingen. Andererseits hat schon der römische Dichter Ovid das Problem gekannt, daß die Liebe zwar gefördert wird, der Gestank nach Zwiebeln aber den Gegenstand der Liebe vertreibt. Und auch Ovid wußte keinen anderen Ausweg als den: die Partnerin muß in Gottes Namen auch Zwiebeln essen.
Vielleicht hat auch das Weinen, das die Zwiebel bewirkt, etwas mit Luzifer zu tun. Vielleicht ist es das Weinen über die luziferische Trennung von Gott, die unser aller Erbteil ist.
Aber reden wir von dem Guten, das die Zwiebel zu leisten vermag und weswegen sie in einem Gemüsebuch «Dr. h. c. Bolle» genannt wird. Sie regt den Appetit an, fördert die Verdauung, fördert die Harnausscheidung, senkt den Blutzucker, stärkt die Absonderung von Galle, das Herz wird angeregt, als Sirup mit Honig und Zucker lindert die Zwiebel Husten und Entzündungen der Luftröhre, sie beugt der Grippe vor, ebenso der Arterienverkalkung. Eine bisher unbekannte Substanz in der Zwiebel soll Asthma unterdrücken.
Die Homöopathie verwendet die Zwiebel als bakterienabtötendes Mittel bei Magen- und Darmstörungen, der Saft wirkt bei Angina und Pharingitis, Rachenentzündung.
Die Zwiebel, auch Küchenzwiebel, Gewürzzwiebel, Speisezwiebel, Bolle, Zipolle, lateinisch Allium cepa, englisch onion, französisch oignon.
Uralt ist die Zwiebel als Gemüse. Für die einfachen Leute, z. B. in Ägypten, diente sie als Volksnahrungsmittel, und man muß sich vorstellen, daß die Arbeiter an den Pyramiden im wesentlichen Brot und Zwiebeln gegessen haben. Die Zwiebeln haben in Ägypten eine so große Rolle gespielt, daß sie auf vielen Bildern in Grabkammern dargestellt wurden. Da ist zu sehen, wie Zwiebeln geerntet wer-

den, wie Zwiebeln auf dem Tisch stehen. Eine spätere Zeit, etwa ab 1500 vor Christus, gab ihren Toten ganze Bündel von Zwiebeln mit ins Grab, deren Reste sich bis heute erhalten haben. Mich wundert das nicht, denn wenn immer ich bei meinem Gemüsehändler ägyptische Zwiebeln bekommen kann, das kommt immerhin im Frühjahr vor, dann kaufe ich sie unter allen Umständen. Sie sind süß und viel weniger scharf als unsere Zwiebeln, zum Butterbrot sind sie ein Genuß. Dazu muß man wissen, daß der Schüler Werner in den schlechten Zeiten nach dem Krieg Zwiebelbrot für die Schulpause mitbekam. Ich versteh also was von rohen Zwiebeln und – esse sie heute noch gern zu Wurst und Käse.

Seit mindestens 5000 Jahren werden Zwiebeln angebaut. Ihre Heimat ist Mittel- und Ostasien, wo die Wildarten in Gebirgen und Steppen wachsen: In Afghanistan, im Altaigebirge, in der nördlichen Mongolei, in Turkestan, in Sibirien. Und das bedeutet, daß die Ägypter keinesfalls die Erfinder der Zwiebelkultur sind, daß sie die Zwiebeln aus dem Osten bezogen haben müssen, aus dem Zweistromland also und daß noch früher die Zwiebel aus Asien dorthin gebracht wurde. Wer weiß, von welchem Volk. Denn das Paradies an Euphrat und Tigris hat immer wieder die räuberischen Reitervölker Asiens angezogen.

Heute werden Zwiebeln auf der ganzen Welt angebaut. Selbst in Trockengebieten, in denen alle andere Vegetation aufhört, gedeihen Zwiebeln. Das hängt mit ihrer botanischen Anlage zusammen.

Im ersten Jahr bilden sie in den fleischigen Blättern, eben der Zwiebel, ein Reservoir an Nährstoffen und Feuchtigkeit, mit dem sie die Zeit zwischen der Wachstumsperiode des ersten Jahres bis zum Austrieb der Blüte im zweiten Jahr gut überstehen können. Und diesen Rhythmus behalten sie auch bei uns. Zwiebeln wachsen, bis die Knollen ausgewachsen sind, dann stirbt das Grün, die Röhren, ab, und man kann ihnen soviel Wasser geben wie man will, die Zwiebeln warten die nächste Wachstumsperiode ab, bis sie wieder treiben. Man kann Zwiebeln ab Ende März ins Freiland säen oder unter Glas oder Folie schon Ende Februar, sie mögen humusreichen, sandigen Lehm oder lehmigen Sand. Dann kann man ab Mitte August die sogenannten Säzwiebeln ernten, es sind die wichtigsten auf dem Markt.

Wo die Winter mild sind, kann man winterharte Sorten im August säen, die Pflanzen überwintern im Freien und wachsen im Frühjahr weiter. Ab Mai kann man diese Überwinterungszwiebeln auf den Markt bringen. Ihre Qualität ist gelegentlich geringer als die von Säzwiebeln, aber sie bringen als erste Zwiebeln auf dem Markt entsprechend höheren Erlös.

Bei uns in Mitteleuropa, aber auch in anderen kühleren Ländern, spielt eine andere Produktionsmethode eine wichtige Rolle: die Steckzwiebeln. Steckzwiebeln werden im ersten Jahr im März – April gesät und als kleine, ca. 2 cm große Zwiebelchen im Juli geerntet. Sie werden trocken gelagert und im darauffolgenden März – April in den Boden gesteckt. Im Juli kann man dann die ausgewachsenen Zwiebeln ernten. Meine Mutter hat ihre Setzzwiebeln immer gekauft und «gesteckt».

Die wichtigsten Zwiebelsorten:

Rote Zwiebel:	mildwürzig, weniger scharf, süß, wenig lagerfähig, zum Rohessen und für Salat.
Gemüsezwiebel:	aus Spanien, bis 15 cm und 200 g, mild, süß, für Zwiebelsalat, Zwiebelgemüse, Suppen, Zwiebelringe, zum Füllen.
Silber- u. Perlzwiebel:	milde Einmachzwiebel, sauer in Essig und Salz, Mixed Pickles, Fondue, zum Garnieren von Platten, die etwas größeren, sog. Fleischerzwiebeln für Spieße, sind mit dem Fleisch gar.
Frühlingszwiebel:	feinste Zwiebelart, das ganze Jahr auf dem Markt, ca. 4 cm rund, Röhren können mitgegessen werden, für Salat, Quark, als Gemüse, zum Rohessen.
Lauchzwiebeln:	keine oder geringe Zwiebelbildung, nur Röhren, als Gewürz im Salat, in Suppen etc.
Schalotten:	kleiner als die übrigen Zwiebeln, feinste und mildeste Zwiebelart, vor allem als Würze bei feinen Gerichten unentbehrlich.

Hauptanbaugebiete sind in Ostasien, Italien, Frankreich, Spanien, Griechenland, Ägypten, Australien, Tasmanien, Neuseeland und in vielen anderen südlichen Ländern. Aber natürlich auch in den Niederlanden, in der ehemaligen Sowjetunion und in Polen. Der Anbau in der Welt wird auf 1,7 Mil. ha geschätzt.

Zu uns nach Mitteleuropa kam die Zwiebel verhältnismäßig spät, nämlich im Mittelalter, dabei ist anzunehmen, daß römische Soldaten schon mit Zwiebeln gekocht haben.

Die deutsche Produktion betrug 1988: 108 900 Tonnen. Pro Kopf werden in Deutschland 6,9 kg Zwiebeln im Jahr verzehrt, das bedeutet, daß rund 424 000 Tonnen Zwiebeln in der Bundesrepublik gegessen wurden und dabei ist die Erzeugung aus den eigenen Gärten noch gar nicht berücksichtigt: Die Zwiebel kommt als Gemüse in Deutschland nach der Tomate an zweiter Stelle, noch vor dem Weißkraut. Vielleicht sollten unsere Nachbarn umdenken und uns in Zukunft «Zwiebels» statt «Krauts» nennen.

Der Knoblauch

Knobloch heißt er auch und Knofel, Knufloch, Knobel und – wo wohl? – Chnobli. Die Engländer sagen garlic und die Franzosen ail. Lateinisch aber heißt er Allium sativum, damit seine enge Verwandtschaft zur Zwiebel anzeigend. Unter des Teufels linken Fuß sproß der Knoblauch auf, als der gefallene Engel die Erde betrat, sagt die Sage, die wir bei der Zwiebel erwähnt haben. Und es ist in der Tat etwas Dämonisches um den Knoblauch. Die Vampire fürchten ihn. Man kann mit ihm aber auch zaubern. Was macht ein Mädchen, das einen Verehrer loswerden will? Sie steckt zwei Nähnadeln übers Kreuz in einen Knoblauch und legt das auf ein Wegkreuz. Geht der Verehrer da drüber, ist ihn das Mädchen los. Bloß, wie bekommt man den Mann dazu, daß er gerade über dieses Wegkreuz geht? Viel einfacher ist folgender Glückszauber, den mir ein schottisches Mädchen verra-

ten hat. Man legt in der Vollmondnacht 7 Knoblauchzehen auf die Fensterbank. Und in jeder der folgenden 7 Nächte nimmt man jeweils eine andere Zehe in die Hand und zwar zwischen Mitternacht und ein Uhr und wünscht sich etwas. Es muß aber alle 7 Nächte dasselbe sein, einmal eine Kreuzfahrt zu wünschen und dann wieder ein neues Kleid, das geht nicht. Und dazu muß man sprechen: «Geister höret meinen Wunsch». In der siebten Nacht nimmt man alle sieben Zehen in die Hand, sagt noch einmal mit geschlossenen Augen: «Geister höret meinen Wunsch». Dann vergräbt man die Zehen an einer möglichst abgelegenen Stelle, wo sie niemand finden kann. Dann legt man drei Streichhölzer auf die Stelle, damit man sie wieder findet, und wenn nach weiteren 7 Nächten die Streichhölzer verschwunden sind, dann geht der Wunsch in Erfüllung und man bekommt sein neues Auto.

Der Knoblauch wird wie die Zwiebel schon so lange von den Menschen gebraucht, als Gewürz und Heilmittel, daß es unmöglich ist zu sagen, wo er daheim ist. Schon die Bewohner Mesopotamiens, die ganz frühen, die Sumerer genannt werden, haben ihn benutzt, jedenfalls ist auf ihren Rechnungen und Lagerlisten, bezeichnenderweise hat dieses Volk überhaupt nur Rechnungen und Lagerlisten hinterlassen – von Knoblauch die Rede.

Wahrscheinlich ist der Knoblauch aber wie seine Cousine, die Zwiebel, aus Asien gekommen. In der Antike jedenfalls war er bei den Kulturvölkern rund ums Mittelmeer bekannt. Sie haben mit ihm gekocht und haben mit ihm geheilt. Auch bei der Ernährung der Arbeiter an den Pyramiden soll er eine Rolle gespielt haben. Unter diesen Arbeitern waren viele Israeliten – sie erinnern sich sicher, daß es Josef war, der durch seine Künste als Traumdeuter zum Vertrauten des Pharao aufstieg und dann als Wesir seine notleidenden Landsleute nach Ägypten holte – als Fronarbeiter. Kurz, bei der Arbeit an den Pyramiden scheinen die Israeliten Geschmack am Knoblauch gefunden und seine lebensverlängernde Heilkraft kennengelernt zu haben. Es waren die Türken, die den Knoblauch bei ihren Eroberungszügen auf den Balkan brachten, und von dort kam er dann nach Westeuropa.

Es gibt eine «Weltstadt des Knoblauch», es ist die Stadt Gilroy im amerikanischen Santa Clara-Tal: Von Ende Juni bis Mitte November werden hier auf 6000 ha Anbaufläche täglich 230000 kg Knoblauch geerntet.

Knoblauch braucht ein trockenes und sonniges Klima. Und wo immer es auf der Welt ein solches Klima gibt, wächst auch Knoblauch. In Spaniens Andalusien, Ägypten, Frankreichs Süden, Italien und Ungarn, Griechenland, dem vorderen Orient und so weiter. Rund um die Welt. Pro Jahr werden auf der Welt 2,5 Millionen Tonnen Knoblauch geerntet und das bedeutet: Knoblauch gehört zu den 20 wichtigsten Gemüsesorten.

Die Knoblauchzwiebel kann aus bis zu 12 Zehen bestehen. Die ganze Zwiebel ist von mehreren trockenen weißen oder rötlichen Schalen umhüllt. Die einzelne Zehe hat noch einmal eine Haut, die bei der trockenen Zwiebel papierartig ist.

Knoblauch enthält Kohlenhydrate, Eiweiß, Fett, Kalzium, Phosphor, Magnesium, Eisen, die Vitamine B 1, B 2, C, Fermente, Inulin und eine Reihe anderer Stoffe. Das schwefelhaltige ätherische Öl Allicin muß besonders erwähnt werden. Dieses Allicin ist für den Knoblauchgeruch verantwortlich wie für die gesundheitsfördernden Wirkungen des Knoblauch. Also: ohne Gestank keine Gesundheit. Die pharmazeutische Industrie produziert zwar geruchlose Pillen, aber der schwefelhaltige Geruchsstoff wird halt auch ausgeatmet und von der Haut abgesondert, und daran führt kein Weg vorbei.

Mag sein, daß sich darin der zwiespältige Segen des Teufels äußert, unter dessen Fußsohle der Knoblauch ja entsprossen ist.

Natürlich kann man etwas gegen Knoblauchatem tun. Man kann Petersilie essen, Pfefferminz, 1 bis 2 Gewürznelken, in Essig eingelegte Ingwerscheiben oder Milch trinken, frische Milch oder einen schönen starken Kaffee.

Als Naturheilmittel hat der Knoblauch einen uralten Ruf. Er senkt den Bluthochdruck, hohe Blutfettwerte und hohen Cholesterinspiegel. Er beseitigt damit die wichtigsten Risikofaktoren für Arterienverkalkung und Herzinfarkt. Er heilt Husten, Erkältungen, Bronchialasthma, er regt an, fördert die Verdauung, vertreibt Würmer, verhindert Entzündungen, tötet schädliche Bakterien in Magen und Darm, desinfiziert Wunden und das allerschönste, die moderne Medizin hat alle diese Wirkungen bestätigt und nicht wie üblich in den Bereich des Aberglaubens verwiesen.

Auf dem Markt wird der Knoblauch nach seiner Herkunft unterschieden, außerdem, ob er frisch, halbtrocken, trocken oder geräuchert ist. Geräucherter Knoblauch ist eine französische Spezialität.

Die deutsche Knoblauchproduktion ist bedeutungslos. Unser Knoblauch kommt aus Spanien, Frankreich, Italien, Argentinien, Mexiko, Ägypten, der Türkei, dem Iran, Kalifornien und China auf den deutschen Markt.

Knoblauch wird geerntet, wenn sich sein Grün von der Spitze her gelb verfärbt. Das ist meist schon Ende Juni. Dann wird er aus der Erde gezogen und liegt für einige Tage auf dem Feld zum Trocknen. Dann wird der Knoblauch gebündelt, meist zu Zöpfen geflochten und an einer trockenen, sonnigen Wand aufgehängt.

Im Frühjahr ärgere ich mich regelmäßig darüber, daß ich alten Knoblauch vom vergangenen Jahr essen muß, wo doch schon ganz frischer Knoblauch auf dem Markt ist. Der hat noch ganz weiche Häute. Auch die Häute der einzelnen Zehen sind weiß und lebendig und die eigentliche Zehe gleitet auf Druck heraus. Ihre Schärfe ist noch nicht so ausgeprägt und man stinkt noch nicht ganz so arg, wenn man ihn ißt. Das ist für mich der liebste Knoblauch. Er hält im Gemüsefach des Kühlschranks bis zu zwei Woche. Trockener Knoblauch aber hält sich bei 0 bis 1 Grad 6 bis 7 Monate, aber schon bei 4 Grad treibt die Zwiebel bald aus. Und steigt die Luftfeuchtigkeit über 75 %, dann neigt er dazu, faul zu werden.

In den besten Küchen der Welt, zu denen ich persönlich sowohl die italienische wie die chinesische, die Küche des vorderen Orients und die französische rechne, wird auch am meisten Knoblauch verwendet.

Beim Würzen mit Knoblauch zerdrückt man die geschälten Zehen auf ein wenig Salz mit einem Messer oder man verwendet eine Knoblauchpresse. Will man den Duft reduzieren, das Aroma aber erhalten, schmort man den Knoblauch in etwas Fett an und nimmt ihn heraus, ehe er braun wird. Dann ist das Fett parfümiert.

Grundsätzlich darf Knoblauch in einer guten Küche nur ganz maßvoll verwendet werden. Für einen Salat genügt es, die Schüssel mit einer angeschnittenen Zehe auszureiben.

Lauch

Lauch oder Porree oder Küchenlauch, Winterlauch, Breitlauch, Beißlauch, Welschzwiebel, lateinisch Allium porrum, englisch leek, französisch Poireau. Noch ein Verwandter von Zwiebel und Knoblauch. Ob bei ihm der Teufel auch seine Hand bzw. seinen Fuß mit im Spiel hat, weiß ich nicht, aber nachdem die heilige Hildegard ganz dringend rät, den Lauch zu meiden, muß da doch etwas sein. Die heilige Hildegard nämlich rechnet den Lauch zu den Giften im Kochtopf wie den Pfirsich, die Erdbeere und die Pflaumen.

Wo der Lauch herkommt, ob es eine Wildform gibt, wissen die Wissenschaftler nicht. Man vermutet das östliche Mittelmeergebiet und Vorderasien und man meint, daß er sich aus dem dort vorkommenden Ackerknoblauch entwickelt habe. Heute wird er in ganz Europa angebaut, vor allem in Frankreich und Deutschland, in Belgien, den Niederlanden, Italien und Spanien, Ägypten und der Türkei. Lauch wächst vor allem im Freiland, und wo man ihn möglichst früh ernten will, da wird er halt in Gewächshäusern oder unter Folientunneln gezogen. Lauch kann man fast das ganze Jahr hindurch ernten, je nachdem, wann man ihn sät und um welche Sorte es sich handelt. Er wächst gern in einer Mischkultur mit Salat oder mit Gurken.

Was er nicht mag ist Schatten. Dafür braucht er wenig Wärme, aber viel Feuchtigkeit. Der Boden soll humusreich sein, am besten ein fetter Lehmboden. Interessanterweise gilt Lauch als eine Bodengesundungspflanze. Das hängt eng damit zusammen, daß seine Wurzeln tief hinunterreichen. Im März wird er unter Glas ausgesät, im Freiland Ende März und April, im April, Mai, Juni werden die kleinen Pflänzchen, die etwa 5 Wochen alt sind, ins Freiland gesetzt. Sät man ihn im Januar, kann man ihn im April pflanzen und im Juni ernten. Der Sommerlauch wird im Februar ausgesät, im Mai gepflanzt und im August geerntet, der Herbstlauch im März, April, Ende Mai bis Mitte Juni gepflanzt und von September bis November geerntet. Schließlich wird der Winterlauch im Mai und Juni gesät, im Juli und August gepflanzt und im April des darauffolgenden Jahres geerntet.

Der Lauch enthält viele Mineralstoffe, Kalium, Kalzium, Phosphor, Natrium, Eisen, Provitamin A, das Vitamin E, die Vitamine B 1 und B 2 und C. Daneben enthält er Schleim, und das ist es wohl, was die heilige Hildegard zu ihrer großen Ablehnung des Lauchs gebracht hat. Ätherische Öle und Aromastoffe machen den typischen Lauchgeschmack aus. Sie enthalten Schwefel und wirken infektionshemmend und wachstumsfördernd. Lauch kurbelt die Tätigkeit der Nieren an, verhindert die Bildung von Nierensteinen, wirkt auf Verdauung und Gallentätigkeit. Bei Husten und Krankheiten der Bronchien wirkt Lauch auch schleimlösend.

Lauch gibt es fast das ganze Jahr über. Der erste Lauch ist im Mai auf dem Markt: dünne Stangen, die Bundlauch heißen, ab Juni gibt es Sommerlauch, ab September bis November Herbstlauch und bis ins Frühjahr Winterlauch. Die deutsche Lauchproduktion wird durch Importe aus den Niederlanden ergänzt. Dazu kommt Lauch aus Belgien, Frankreich, Italien und der Türkei.

Der deutsche Verbraucher will Lauchstangen mit mindestens 15 cm Länge und über 3 cm dickem festen Schaft, mit viel Weiß. Dieses Weiß soll einen kräftigen Kontrast zum blaugrünen Laub bilden. Der zarte Sommerlauch, aber auch der kräftige Winterlauch sollen frische und feste Blattspitzen haben. Diese dürfen nicht welk sein, weil welke Blattspitzen ein Zeichen zu langer Lagerung und zu hohen Vitaminverlustes sind.

Im Gemüsefach des Kühlschranks hält sich Lauch bis zu 5 Tagen, aber Vorsicht mit aromaempfindlichen Produkten. Viele Gemüse und Früchte wie z. B. Butter übernehmen die starke Würze des Lauchs. Andererseits wird die Haltbarkeit des Lauchs durch das Äthylen von Äpfeln beeinträchtigt. Lauch eignet sich gut zum Tiefgefrieren bei minus 18 Grad (3 Min. blanchieren, mit Eiswasser abkühlen). Die Haltbarkeit beträgt 6 bis 8 Monate.

Gefüllte Zwiebeln

1.   8 mittelgroße Zwiebeln
     1½ l Wasser
     1 TL Salz
2.   2 EL Olivenöl
         Inneres der obigen Zwiebeln
   300 g gehacktes Rindfleisch
       1 Knoblauchzehe, gepreßt
     1 EL Petersilie, fein geschnitten
     1 EL Liebstöckel oder Salbei, fein gehackt
       1 Brötchen, in Würfel geschnitten, in
         Wasser eingeweicht, ausgedrückt
     4 EL Zwiebelsud oder Fleischbrühe
     1 TL Zitronensaft
         Salz, Pfeffer, Muskat
3.   50 g Mandeln, mit kochendem Wasser
         übergossen, geschält

Die Zwiebeln in kochendes Salzwasser geben, weichkochen (ca. 15 Min.), mit einem Schaumlöffel aus dem Sud heben (Sud aufbewahren). Zwiebeln so aushöhlen, daß die Form erhalten bleibt, in eine bebutterte Gratinform setzen. Das Innere der Zwiebeln fein hacken.
Das Öl von 2. heiß werden lassen, restliche Zutaten nach und nach beigeben, dämpfen, bis keine Flüssigkeit mehr vorhanden ist. 3. Mandeln beigeben.
Die Zwiebeln damit füllen, ringsum etwa 1 cm hoch Zwiebelsud angießen. Im auf 180° C vorgeheizten Ofen 15 Min. backen.
Am besten zu Tomatenreis. (Bild S. 130)

Zwiebelgemüse, wie Tante Margret es kocht

     2 EL Butter
   600 g Zwiebeln, halbiert, in Scheiben
         geschnitten
     1 EL milder oder eine entsprechend
         geringere Menge scharfer Curry
     1 EL Mehl

     ¼ l Hühnerbrühe
     3 EL Rosinen, in lauwarmem Wasser
         eingeweicht, abgeseiht
   150 ml Rahm
     2 EL Butter
   500 g Zwiebeln, halbiert, in Scheiben
         geschnitten
     1 EL Mehl
     ¼ l Fleischbrühe
     3 EL Rosinen, eingeweicht
   100 ml Rahm

Die Butter schmelzen, die Zwiebelscheiben darin hellgelb dämpfen, Curry und Mehl darüberstäuben, daruntermengen, mit der Fleischbrühe ablöschen, restliche Zutaten beigeben. Einige Min. köcheln lassen.
Servieren mit Geflügelfleisch, gebratenen Pfirsichscheiben oder Bananenhälften und Trockenreis. (Bild S. 130)

Fritierte Zwiebelringe

Wenn Sie Ihre Friteuse schon in Betrieb gesetzt haben: eine oder zwei Zwiebeln, in Ringe gehobelt, fritieren. Die Großmutter machte es so und hat die Ringe als Dekoration, gleichzeitig aber auch als Gewürz zu Gemüse oder Fleisch verwendet.

Gefüllte Zwiebeln,
Rezept S. 129

Zwiebelgemüse
«Tante Margret»,
Rezept S. 129

Lauch

Lauch mit Zitrone

1. 4 EL Olivenöl
    1 Zwiebel, fein gerieben
    1 kg Lauch, der Länge nach auf- und dann
        in 5 cm lange Stücke geschnitten
    1 mittelgroße Sellerieknolle, in kleine
        Würfel geschnitten
    3 EL Sellerieblätter, fein gehackt
        Saft und Schale einer halben Zitrone
2. 2 EL Maizena oder Mondamin
    200 ml Wasser
3.   Salz, Pfeffer

Das Öl erhitzen, die Zwiebel darin dämpfen, die
restlichen Zutaten von 1. beigeben. Zugedeckt
einige Minuten dämpfen. Maizena mit dem
Wasser anrühren, beigeben. Alles gut miteinander vermengen, ca. 20 Min. köcheln lassen.

Lauchcrèmesuppe

1. 2 EL Butter
    2 Lauchstangen, der Länge nach auf-,
        dann in 1 cm lange Stücke geschnitten
    1 große Kartoffel, geschält, in kleine
        Würfel geschnitten
    ½ l Hühnerbrühe
2. 100 ml Rahm
   300 ml Milch
3. 100 ml Rahm, steif geschlagen
    2 EL Lauch, ganz fein geschnitten

Die Butter schmelzen, Lauch und Kartoffeln
dämpfen, mit der Brühe ablöschen, ca. 20 Min.
köcheln lassen, pürieren.
Zutaten von 2. beigeben, nochmals erhitzen.
Die Suppe anrichten, auf jeden Teller ein
Rahmhäubchen setzen, mit der Lauchjulienne
bestreuen.

131

Wurzelgemüse

Knollensellerie, Schwarzwurzeln, Fenchel

Knollensellerie

Wenn man dem Volksmund Glauben schenkt, dann haben es die Ehefrauen in der Hand, ihren Männern die Freuden der Liebe nahezulegen. Also, ich rede jetzt nicht von Reizwäsche. («Frieda, zieh etwas Rechts an, sonst kriegst du wieder Rheuma.») Nein, ich rede von Sellerie, dem man seit der Antike aphrodisierende Wirkungen nachsagt. Schon die Römer haben's gewußt, das Mittelalter auch, unsere Wissenschaftler haben nichts gefunden, was auf eine solche Wirkung hinweisen könnte, aber trotzdem gibt es kluge Männer und Frauen, die leise sagen oder auch schon wieder laut: «Und es stimmt doch.»

Und irgendwo hab ich auch die Geschichte erzählt von meiner Mutter, die beim Sellerieputzen das Liedchen trällerte: «Freu dich Fritzchen, freu dich Fritzchen, heute gibt's Selleriesalat», dabei hieß mein Vater Adolf.

Eines ist sicher, Sellerie besitzt einen hohen Ernährungswert. Da hat es die Mineralstoffe Eisen und Kalzium, da gibt es das wichtige Provitamin A und Vitamin E, das dem Altern wehrt, Vitamin B 1, B 2 und B 12 und Vitamin C. Ätherische Öle geben ihm den typischen, würzigen Geschmack, und seine harntreibende Wirkung ist unbestritten.

Ein hervorragendes Gemüsebuch nennt den Sellerie das Gemüse für alle Fälle. Da ist Suppengrün. Sellerie ist ein Kochgemüse. Aber er kann nicht nur gekocht werden. Man kann ihn braten (haben Sie schon einmal Selleriescheiben wie Schnitzel in der Pfanne gebraten?! Eine Delikatesse, und nicht nur für Vegetarier) und schmoren und dämpfen. Er ist Gewürz. Was wäre eine Suppe ohne Sellerie, und er kann schließlich als Rohkost zubereitet werden. Aber ehe Sie jetzt vor so viel Gesundheit erschrecken, sollten Sie zu allererst einen königlichen Waldorf-Astoria-Salat probieren. Reiben Sie eine rohe Sellerieknolle in süße Sahne, geben Sie Nüsse dazu . . .

Rohkost? Ja, natürlich ist das Rohkost. Aber halt schon etwas ganz Besonderes.

Daheim ist der Sellerie im Mittelmeerraum, und ich möchte mir denken, daß es eine Sage über seine Entstehung gibt.

Da lebte in Böotien, in jenem Land, wo das Brot gelb ist von einem wunderbaren Weizen, wo die Kühe die Euter prall voll Milch haben, und wo in klaren Flüssen schmackhafte Fische schwimmen, ein junger König. Der liebte das Essen und den Wein und die Jagd. Und so geschah es, daß er eines Tages droben am Parnaß auf der Jagd war. Seine Gefährten hatte er verloren, als er einer Hirschkuh folgte. Plötzlich stand er einem wunderschönen Mädchen gegenüber, an das er sofort sein Herz verlor.

Die Schöne fand ebenfalls Gefallen an dem ansehnlichen jungen Mann, und in der Tiefe des Waldes, dort wo ein Quell entsprang, gaben sie sich einander hin. Auf grünem weichem Moos.

Aber das Mädchen war eine der Gefährtinnen der Göttin Artemis, der jungfräulichen Göttin, der jungfräulichen Göttin der Jagd. Und die verstand keinen Spaß, zumindest nicht, wenn es um die Unberührtheit ihrer Gefährtinnen ging. Und so fuhr sie herab vom Olymp, zog einen Pfeil aus ihrem Köcher und spannte den Bogen, um die beiden, auf dem Höhepunkt ihrer Liebe, zu durchbohren. Aber noch jemand kam vom Olymp. Es war Aphrodite, die Göttin der Liebe. Und sie verwandelte im gleichen Moment, als der Pfeil die Sehne verließ, die beiden Liebenden in eine runde Knolle. Denn die Kugel ist der Ausdruck der Vollkommenheit, und so, wie die beiden in gegenseitiger Hingabe den Zustand der Vollkommenheit erreicht haben, so lebten sie nun weiter als Sellerie, lateinisch: apium graveolens var. rapaceum.

Und so wächst diese Pflanze in den Tälern des Parnaß, in Böotien und im ganzen Mittelmeerraum, und in den hellen Mondnächten kommen die Hirsche der Artemis und fressen die grünen Blätter, die so wunderbar duften.

Bei uns angepflanzt ist Sellerie eine zweijährige Pflanze, die im ersten Jahr dunkelgrüne, glänzende, federartige Blätter hat und im zweiten Jahr, nach der winterlichen Kälte, eine Blüte entwickelt.

Sellerie kam verhältnismäßig spät erst als Kulturpflanze nach Westeuropa. Wahrscheinlich waren es die Mönche, die den Sellerie in ihre Kräuter- und Gemüsegärten brachten. Der Sellerie wird im Februar und März unter Glas ausgesät und Ende Mai, Anfang Juni ins Freiland gesetzt. Man sollte die Setzlinge nicht zu tief pflanzen, da sonst keine rechte Knolle entwickelt wird. Er mag einen nährstoffreichen Boden, viel Licht, und bei trockenem Wetter muß er gut gewässert werden. Fruchtwechsel dient dem Pflanzenschutz. Die Maden der Selleriefliege sollte man absammeln, gegen Erdflöhe Holzasche streuen.

Die Knollen sind reif, wenn die äußeren Blätter vergilben. Zum Lagern bringt man die ungewaschenen Knollen in einen luftigen Keller und schlägt sie in leicht angefeuchtetem Sand ein.

Hauptverbraucher von Sellerie ist der gesamte europäische Kontinent. Die führenden Produzenten sind Frankreich, die Niederlande, Belgien, die Bundesrepublik und hier vor allem Nordrhein-Westfalen, Vorderpfalz, Rheinland-Pfalz, Bayern und das Land um Hamburg.

Sellerie gibt es das ganze Jahr über entweder aus deutscher Produktion oder aus den Niederlanden, Dänemark, Frankreich, Belgien.

Deutsche Sellerie kommen Ende Mai auf den Markt. Schon im Mai und Juni wird kleinknolliger, frischer Sellerie als Suppensellerie verkauft. Die Haupternte der Knollen beginnt im September und dauert bis in den November.

Nach der Norm beträgt der Mindestdurchmesser 6 cm.

Knollensellerie muß zumindest im Sommer und Frühherbst grundsätzlich mit Blattwerk angeboten werden. Sie sind nicht nur ein hervorragendes Blattkraut, sondern sie erlauben auch ein Urteil über die Frische der Knolle. Die Knolle muß ganz fest sein und darf sich nicht eindrücken lassen, sie könnte sonst innen hohl sein.

Lagerware, ausgereift und fehlerlos, wird von den Blättern befreit und in kühlen, frostfreien Kellern in Kisten in feuchtem Sand gelagert. Sie hält sich monatelang frisch.

Vorgekochte Knollenstücke lassen sich gut tiefgefrieren. Ältere Sorten können sich beim Kochen

bzw. Blanchieren grau bis schwarz verfärben. Der Grund ist die Oxidation des ätherischen Öls. Man kann dies verhindern, indem man dem Blanchierwasser ein wenig Essig oder Zitronensäure zufügt. Neuere Sorten kochen weißbleibend.

Bleichsellerie

Seit 10 Jahren bekommt unser guter alter Knollensellerie zunehmend Konkurrenz: den Bleichsellerie. Nicht mehr die Knolle ist interessant, sondern die Stengel, die allerdings beim Knollensellerie überhaupt nicht schmecken. Bleichsellerie ist eine eigene Variation des apium graveolens, nämlich die Variation dulce, was da heißt: süß.

Wie der Knollensellerie ist auch dieser Staudensellerie oder Stielsellerie oder Stangensellerie im Mittelmeerraum daheim. Und von dort hat er sich zwar bis nach Skandinavien, nach England und nach den USA ausgebreitet, aber merkwürdigerweise Deutschland ausgespart. Es hat erst Werbung und Reklame und vor allem eine schlankheitsbewußte Diät gebraucht, um bei uns eine Nachfrage nach Bleichsellerie zu schaffen. Wird nicht in den Schlankheitsdiäten Amerikas empfohlen, bei Hunger zwischendurch eine fast kalorienlose Bleichselleriestange zu knabbern? Und außerdem ist vielen von uns am Mittelmeer z. B. die Salade Niçoise begegnet, die zu einem großen Teil aus Bleichsellerie besteht und Oliven, Zwiebeln, gekochten Eiern und Thunfisch, und die gerade dort, wo die Speisekarte fast unerschwinglich teuer wird, eben in jenem Nizza, an jener Côte d'Azur, noch eine halbwegs bezahlbare nahrhafte Möglichkeit zu einer Hauptmahlzeit darstellt.

Der Bleichsellerie ist genauso wie der Knollensellerie eine zweijährige Pflanze, bildet aber nur angedeutet eine Knolle. Der Wuchs ist hauptsächlich oberirdisch. Die Pflanze ist 60 bis 70 cm hoch. Ihre Blätter sind bis 4 cm breit, weiß, gelblich, können aber auch rote und violette Streifen haben. Bei den älteren Sorten müssen die Stiele durch Anhäufen mit Erde oder durch Umhüllen mit Papier gebleicht werden. Neuere Sorten sind selbstbleichend.

Bleichsellerie schmeckt milder als Knollensellerie.

Die Inhaltsstoffe sind ungefähr die gleichen, nur der Vitamin-C-Gehalt ist beim Bleichsellerie höher. Durch den hohen Gehalt an Kalium entwässert er und wirkt ganz allgemein belebend.

Bleichsellerie wird auch in Deutschland angebaut, hauptsächlich aber vor allem in der Zeit von November bis Juni aus Israel und ganzjährig aus Italien importiert. Außerdem gibt es Importe aus Spanien, aus Großbritannien und aus den Niederlanden.

Die ca. 30 cm langen Stangen werden stückweise oder nach Gewicht vermarktet. Sie halten im Kühlschrank, in Plastikbeuteln bis zu zwei Wochen, im gut gekühlten dunklen Keller eingeschlagen, kann man sie sogar einige Wochen aufbewahren.

Die rohen Stangen bietet man in hohen Gläsern zum Knabbern an, oder man reicht sie zu Käse oder zu delikaten Soßen zum Dippen.

Man kann die Stangen auch etwas auseinanderdrücken und mit pikanten Käsecremes, Mayonnaise u. ä. füllen. Besonders geeignete Gewürze sind Basilikum und Thymian.

Man kann die Stangen auch kochen und wie Spargel essen.

Schwarzwurzeln

Es gibt so ein paar Gemüsearten, die hat meine Mutter nicht im Garten angebaut. Sei es, weil ihr Anbau zu diffizil oder bei uns nicht üblich war oder vielleicht, weil meine Mutter das bewußte Gemüse nicht mochte. Vielleicht war es ihr auch zu arbeitsintensiv. Mag sein. Dazu gehörten u. a. Mangold, Mairüben und Schwarzwurzeln. Es hat viel Überredungskunst gebraucht, in der jungen Ehe meine Frau dazu zu überreden, Schwarzwurzeln zu kochen. Und dann, als ich es schließlich selber probiert habe, habe ich gemerkt, woran es liegt: ein äußerst arbeitsintensives Geschäft mit der Tendenz, einem die Hände zu verfärben.

Schwarzwurzeln, lateinisch: scorzonera hispanica, deutsch auch Winterspargel oder Schötzenmiere oder Skorzoner Wurzel, englisch scorzonera, black salsify, französisch scorsonere, ist in Spanien daheim. Wenigstens nimmt man das so an. Als Gemüse ißt man sie erstaunlicherweise erst etwa seit dem 17. Jahrhundert. Vorher galt sie als geheimnisvolles Mittel gegen Pest und Schlangenbisse. Auch ihr Name Scorzonera deutet darauf, denn italienisch ist Scorzone eine giftige schwarze Schlange. Als sie schließlich begann, sich als Gemüse durchzusetzen, verdrängte sie eine andere Wurzel. Merkwürdigerweise ausgerechnet die weißrindige Haferwurzel, die auch Weißwurzel oder weiße Schwarzwurzel heißt. Sie heißt aber auch Bocksbart und kommt damit dem einen oder anderen sicherlich bekannt vor, der sie als Zier- und Gemüsepflanze nicht nur in Südeuropa, sondern auch in Süddeutschland kennt, bzw. als verwilderte Pflanze auf unseren Wiesen. Aber ganz vergessen ist die Haferwurzel nicht. In England, wo anders, ißt man sie, konservativerweise der Haferwurzel treu geblieben, wo sie im Gegensatz zu black salsify einfach nur salsify heißt.
Aber zurück zur Schwarzwurzel. Sie ist in der Bundesrepublik nicht ganz so arg begehrt, denn nur auf rund 50 ha, im wesentlichen in Bayern, wird sie angebaut. Dabei könnte man auch aus ihren Blattstielen, Knospen und Stielen Salat machen. Aber niemand bietet das an.
Die Schwarzwurzelsaison dauert von Oktober bis April. Importiert wird im wesentlichen aus Belgien und den Niederlanden. Da die Schwarzwurzeln winterhart sind, kann man sie bis zum März ernten. Schwierig scheint die Ernte zu sein. Die Wurzeln sind sehr brüchig und müssen mit der Grabegabel vorsichtig aus dem Boden genommen werden. Verletzte Wurzeln verlieren den Milchsaft. Der Wohlgeschmack ist dahin, und sie trocknen leicht aus. So ist auch der Milchsaft und sein sofortiges Auftreten beim Anschnitt ein Zeichen dafür, daß die Schwarzwurzeln frisch sind.
Schwarzwurzeln können im Keller im feuchten Sand eingeschlagen werden, im Gemüsefach des Kühlschranks halten sie ein paar Tage. Der Nährwert der Schwarzwurzeln ist sehr hoch. Da ist Eiweiß, Fett, Kalium, Kalzium, Phosphor, Eisen, Natrium, Provitamin A und die Vitamine B 1, E und Vitamin C. Wie der Topinambur enthält die Schwarzwurzel Inulin (nicht Insulin), jenen Fruchtzucker, der für Diabetiker verträglich ist, womit auch die Schwarzwurzel eine hohe Bedeutung für die Diabetikerdiät hat.
Das, was bei der Schwarzwurzel die abscheulichen Flecken macht, ist die Wurzelmilch. Sie verfärbt auch die Hände der Hausfrau. So wird empfohlen, bei der Zubereitung entweder Gummihandschuhe zu tragen oder aber die Wurzeln mit der Bürste zu schrubben, dann in Salzwasser, dem man Essig und/oder Kümmel zugesetzt hat, 20 bis 25 Minuten zu garen und abzugießen. Nach dem Ab-

kühlen läßt sich die Haut problemlos abziehen, und die Schwarzwurzeln können weiterverarbeitet werden.

Die klassische Methode, bei der man aber Gummihandschuhe anziehen soll, besteht darin, daß man die Schwarzwurzeln ebenfalls mit der Bürste unter fließendem Wasser reinigt und dann mit einem Schäler oder einem scharfen Messer vom Ende zur Spitze hin entweder schält oder schabt. Die Wurzel wird sofort in kleine Stücke geschnitten und in eine Schüssel mit etwas Mehl und Essig gegeben, damit der Milchsaft die Wurzelstücke nicht braun färbt.

Die Schwarzwurzelstücke kann man zusammen mit gelben Rüben, Äpfeln und Mandeln zu einem Schwarzwurzelsalat anrichten, man kann Schwarzwurzelgemüse in weißer Soße machen oder einen Gemüseeintopf mit gelben Rüben, Sellerie, Zwiebeln, man kann die Schwarzwurzel auch panieren oder in Teig getaucht in Fett ausbacken usw.

Die meisten Hausfrauen werden Schwarzwurzeln wahrscheinlich hauptsächlich aus der Konservendose benutzen.

Schwarzwurzelauflauf mit Schinken

1. 1½ l Wasser
    1 TL Salz
    3 EL Milch
    1 EL Weißweinessig

2. 1 kg Schwarzwurzeln, geputzt, in 5 cm lange Stücke geschnitten
    1 – 2 Lauchstangen, der Länge nach halbiert, in Streifen geschnitten
3. 150 g roher Schinken, in Würfel geschnitten
4. 2 EL Butter
    2 EL Mehl
    ½ l Milch
    Salz, Pfeffer, Muskat
    100 g Emmentalerkäse, gerieben

Die Zutaten von 1. aufkochen, die Schwarzwurzeln beigeben, 1 Std. köcheln lassen. Sie sollten ganz knapp weich sein. Den Lauch beigeben, noch 5 Min. kochen, abseihen. Lagenweise mit den Schinkenwürfeln in eine gut bebutterte Auflaufform geben. Die Butter von 4. schmelzen, das Mehl beigeben, gut miteinander verrühren, mit der Milch ablöschen, zu einer glatten Sauce rühren, einige Min. köcheln, würzen, vom Feuer nehmen, den Käse darunterziehen. Die Sauce über das Gemüse geben. Im auf 180° C vorgeheizten Ofen 20 Min. goldbraun gratinieren.

Fenchel

Ich weiß nicht, ob es anderen so geht wie mir. Für mich haben Gemüse irgendwie einen Charakter, erinnern mich an irgendwelche Persönlichkeiten. Da ist z. B. ein schlanker, ovaler, gut gewachsener Weißkrautkopf. Der erinnert mich an einen eleganten jungen Herrn, gut erzogen, mit sicherem Auftreten, selbstbewußt. Oder ein Blumenkohl. Der hat für mich etwas von einer italienischen Mama, vollbusig, weitröckig, mit vielen, vielen Bambini.

Oder eine Aubergine. Etwas sinnlich, nicht allzu temperamentvoll, eher passiv abwartend, ganz das Gegenteil zu einer Paprika, einer roten vor allem, die für mich den Charakter eines orientalischen Mädchens hat, das unentwegt plappert, singt, in Funktion ist, deren Begeisterungsstürme über einen hereinbrechen wie ein Gewitter oder dann wieder so etwas Grundsolides, Verläßliches wie rote Rüben. Rahnen, die sind wie alte, weise Bauern vom Schwarzwald.

Das Heiterste aber, Lustigste, Komischste ist für mich der Fenchel, der mich an seinen Landsmann, den Pinocchio erinnert, der hierzulande «Hölzernes Bengele» heißt.

Haben Sie schon einmal ein Feld mit Fenchel gesehen? So etwas gibt es bei uns auf der Reichenau. Das sieht aus wie eine ganze Klasse voller Lausbuben mit wild zerzausten roten Haaren und Sommersprossen (ich meine nur von ihrem Charakter her, denn natürlich haben die Fenchel auf der Reichenaus wunderbar zartes Grün, und ihre weißen Knollen sind makellos) und man meint, sie würden jederzeit von ihren Bänken aufspringen, auf die Tische stehen und losschreien.

Der Fenchel, foeniculum vulgare var. azoricum, auch Gemüsefenchel, Knollenfenchel, Zwiebelfenchel, Italienischer Fenchel, Bologneser Fenchel, italienisch: Finocchio, französisch: fenouil de Florence, englisch: fennel.

Neben dem Gemüsefenchel, von dem hier die Rede ist, gibt es auch den Gewürzfenchel, von dem der Samen grünlich-braune, kümmelähnliche Samen liefert, die nach Anis schmecken und die als Gewürz für Fleisch und Fisch und Geflügel, aber auch Brot und Kuchen genutzt werden können. Bonbons kann man noch damit würzen und Likör, z. B. ist Fenchel eine wesentliche Zutat zu den griechischen Trebern: Ouzo, Raki, Zipero, Zikutia.

Noch etwas kann man daraus machen, einen Tee fürs «Bäuchleweh» bei Kleinkindern.

Wie es sich bei einem anständigen Gemüse gehört, hat es einen wilden Urahn, und der ist in der Tat lange bekannt. Ist nicht das halbe Mittelmeergebiet im Sommer von wildem Fenchel bedeckt? Trägt der Fenchel nicht mit seinem Duft zu dem Geruchserlebnis «Urlaub am Mittelmeer» bei? Und so haben Griechen und Römer den Fenchel längst als Gewürz und als Heilmittel verwendet. Plinius, der römische Arzt, hat gegen 22 verschiedene Leiden Fenchel gegeben. Aber nicht nur am Mittelmeer, auch Chinesen und Inder haben den Fenchel geschätzt und verwendet.

Fenchel hat bei uns eine durchschnittliche Entwicklungszeit von 16 bis 18 Wochen. Er wird im Juli ausgesät und im August gepflanzt. Er gedeiht auf sonnigen, warmen, feuchten Lagen, dort, wo auch der Wein wächst. Aber die bescheidene inländische Produktion spielt keine allzu große Rolle. Deutscher Gemüsefenchel ist von Ende August bis November auf dem Markt. Die meisten Gemüsefenchel kommen aus Italien, wo er daheim ist, was man unschwer an seinen verschiedenen Namen erkennen kann. Dann liefern Frankreich und Spanien und, wie kann es anders sein, auch die Niederlande.

Sellerie

Sellerie kochen

Knollensellerie ist eines jener Gemüse, die sich problemlos während einer guten Woche im Kühlschrank (die Großmutter legte sie in den Keller) aufbewahren lassen. Wichtig: Nicht in Plastiktüten lagern, sonst faulen die Knollen. Die Kochdauer differiert je nach der Sorte und der Lagerzeit. Je erntefrischer Sellerie ist, desto schneller ist er gar (15 – 40 Min.). Geschälter, zerkleinerter Knollensellerie, der nicht sofort gekocht wird, muß mit etwas Zitronensaft beträufelt werden, sonst bilden sich – wie bei den Äpfeln – braune Stellen.

Beim *Bleich- und Stangensellerie* schneidet man den Wurzelansatz und äußere grobe, grüne Blätter weg und zerteilt die Pflanze in einzelne Rippen, die – je nach Rezept – ganz belassen oder fein geschnitten werden.

Eine besondere Leckerei:

Sellerieschmaus für Verliebte

1.   2 EL Butter
      8 Herzen von Stangen- oder Bleich-
         sellerie mit den dazugehörigen
         Herzblättern
         Salz, Pfeffer
100 ml Fleisch- oder Gemüsebrühe
2.   1 EL Olivenöl
      2 junge Zucchetti (Zucchini), in
         Scheiben geschnitten oder
      1 kleine Aubergine, geviertelt, in
         Scheiben geschnitten
   1 EL Petersilie, gehackt
3.   1 EL Butter
   4 – 6 Herzchen, die man mit einer
         Ausstechform aus zwei Scheiben
         Toastbrot ausgestochen hat
4.   1 Zitrone, in feine Scheiben geschnitten

Die Butter von 1. schmelzen, das Gemüse (ganz belassen oder fein zerschnitten) beigeben, 10 Min. dämpfen, salzen, pfeffern, warmstellen.

Das Öl von 2. heiß werden lassen, Gemüse und Kräuter beigeben, 5 – 8 Min. dämpfen, würzen, warmstellen.

Die Butter von 3. schmelzen, die Herzchen darin hellbraun rösten. Die beiden Gemüsesorten dekorativ auf einem gut vorgewärmten Teller anrichten, mit den Toastherzchen und Zitronenscheiben garniert servieren.

Paßt am besten zu Leber oder anderem kurz gebratenem Fleisch und Kroketten. (Bild S. 142)

Selleriestock (Püree)

1.   1 l Wasser
         Salz
         Saft einer Zitrone
   500 g Stangen- oder Knollensellerie, fein
         geschnitten
2.   1 l Wasser
         Salz
   500 g Kartoffeln, geschält, in Würfel
         geschnitten
3.   4 EL Butter
         Muskat
4.   3 EL geriebener Sbrinz oder Parmesankäse
   2 EL Paniermehl
   2 EL Butter in Flöckchen

Die Gemüse von 1. und 2. separat weichkochen, abseihen. Durch das Passe-vite (flotte Lotte) streichen oder mit dem Mixstab pürieren, mit den Zutaten von 3. verrühren. In eine bebutterte Gratinform geben, glattstreichen, Käse und Paniermehl darüberstreuen. Mit den Butterflöckchen bedeckt im auf 180° C vorgeheizten Ofen 20 Min. gratinieren.

Zu geschmorten Braten (am besten Rindfleisch) servieren.

Sellerie-Cordon bleu

1. *1 l Wasser*
    Salz
    Saft einer Zitrone oder
    2 EL Weißweinessig
    8 Scheiben einer großen Sellerieknolle,
    5 mm dick geschnitten
2. *8 Scheiben Emmentaler- oder*
    Fontina-Käse
    4 Scheiben Schinken, gekocht
3. *3 EL Mehl*
    2 Eier, zerklopft
    6 EL Paniermehl
4. *4 EL Sonnenblumenöl*
5. *1 Zitrone, in feine Scheiben geschnitten*

Die Zutaten von 1. aufkochen, die Selleriescheiben beigeben und knapp weichkochen (ca. 20 Min.).

Jeweils eine Selleriescheibe zuerst mit einer Käsescheibe, dann mit der Schinkentranche, dann wieder mit Käse und zuletzt nochmals mit einer Selleriescheibe belegen. Alles mit zwei Zahnstochern zusammenheften.

Die Zutaten von 3. auf je einen Teller geben. Die Sellerie-Pakete zuerst im Mehl, dann im Ei, dann im Paniermehl wälzen. Das Paniermehl ringsum gut andrücken.

Das Öl (4.) in einer Bratpfanne erhitzen, die Cordon-bleu darin auf beiden Seiten goldbraun backen. Mit Zitronenscheiben garniert servieren.

Salzkartoffeln, Kartoffelstock (Püree) oder Trockenreis mit Tomatensauce passen dazu.
(Bild S. 143)

Fenchel-Reisgratin

1. *1½ l Wasser*
    1 TL Salz
    4 große Fenchelknollen
2. *2 EL Butter*
    1 Zwiebel, gehackt
    300 g italienischen Reis (am besten Arborio)
    200 ml Weißwein
    900 ml Hühnerbrühe
    1 Msp. Safran
    Salz, Pfeffer
3. *4 EL Sbrinz oder Parmesankäse, gerieben*
    2 EL Butter, in Flöckchen

Das Wasser aufkochen, Salz beigeben, die Fenchelknollen ca. 20 Min. darin sieden, abgießen, der Länge nach halbieren.

Die Butter schmelzen, die Zwiebel darin glasig dämpfen, den Reis beigeben, durchdämpfen, mit dem Weißwein ablöschen, diesen einkochen lassen, mit der Hühnerbrühe ablöschen, würzen. Alles in eine gut bebutterte Auflaufform geben, die so groß und flach sein muß, daß die halbierten Fenchelknollen, die man im Reis verteilt (gewölbte Seite nach oben) zu einem Drittel herausragen.

Auf jedes Fenchelstück etwas Käse, dann die Butterflöckchen geben. Im auf 180° C vorgeheizten Ofen 25 Min. garen.
(Bild S. 143)

Fenchel in Butter

2 EL Butter
600 g Fenchel mit Herzblättern,
    fein geschnitten
50 ml Gemüsebouillon
½ TL Salz

Butter schmelzen. Fenchel beigeben, durchdämpfen. Etwas Gemüsebouillon beigeben, zugedeckt weichdünsten. (Bild S. 142)

*Sellerieschmaus
für Verliebte,
Rezept S. 140*

*Selleriestock (Püree),
Rezept S. 140,
Bild links*

*Fenchel in Butter,
Rezept S. 141,
Bild rechts*

Fenchel-Reisgratin,
Rezept S. 141

Sellerie-Cordon bleu,
Rezept S. 141

Wurzelgemüse

Speisemöhren, Pastinaken, Gemüserüben

Gelbe Rübe

Als süddeutscher Mensch habe ich Schwierigkeiten mit jenem Dialekt, der sich so arrogant Hochsprache nennt. Anders gesagt, ich lasse mir bestimmte Eigenheiten meiner Sprache nicht deshalb nehmen, weil die Menschen aus dem Norden mit ihren stromlinienförmigen Zungen sich anders ausdrücken. Für mich als Freiburger heißt es «der Butter». Und wenn die hundertmal «die Butter» sagen und für mich heißt es «Rotkraut» und nicht «Blaukraut» und «Heidelbeere» und nicht «Blaubeeren» und schon gar nicht und überhaupt nicht «Möhren», wo dieses wohlschmeckende Gemüse für mich gelbe Rüben heißt. Wieso ich jetzt darauf zu sprechen komme? Nun, weil mich kein Mensch der Welt, noch nicht einmal Frau Dr. Jacober, unsere verehrte Lektorin, dazu bringen könnte, über dieses Kapitel das Wort «Speisemöhren» zu setzen (ganz abgesehen davon, daß Frau Dr. Jacober so etwas von mir auch niemals verlangen würde!!!).

Also, «die gelbe Rübe».

Zu der Zeit, da ich mich mit der gelben Rübe beschäftige, ist mir ein Buch über Alchemie in die Hände gefallen. Diese geheimnisvolle Wissenschaft beschäftigt ja immer wieder den Menschen und hat auch mich höchst neugierig gemacht. Nicht daß ich nicht das eine oder andere längst gewußt hätte, nicht daß ich nicht längst die magischen Werke des Theophrastus Bombastus von Hohenheim, genannt Paracelsus, gekannt hätte und die des Agrippa von Nettesheim. Es war höchst interessant, die Geschichte dieses Weistums zu lesen, das offenbar seine Anfänge lange vor Christi Geburt in China und Ägypten hat und das nicht in Büchern weiter überliefert wird, sondern von Mund zu Mund wie alle tiefen Geheimnisse. Und um die Geheimnisse dieser Welt geht es dabei, die ihr Symbol im Stein der Weisen haben. Wer diesen Stein besitzt, kann Blei in Gold verwandeln und sein Leben beliebig verlängern.

Das ist ja alles schön und recht, werden Sie sagen, aber was hat das mit gelben Rüben zu tun?

Tja, nehmen wir einmal an, da lebte irgendwann in einer idealen Vorzeit, sagen wir in China, jenem China der Sagen und Märchen, irgendwo in einer Stadt ein Alchemist. Die Fünfzig hat er lang überschritten, weil nur der wirkliche Geheimnisse erfahren kann, der das fünfte Lebensjahrzehnt vollendet hat. Er hatte viel Geld, was ihn unabhängig machte, und in seinem großen Haus hatte er sich ein Laboratorium eingerichtet, mit all dem, was dazu gehört, das «Große Werk» zu verrichten. Da gab es Einrichtungen zum Destillieren und Sublimieren, Stoffe herzustellen von immer größerer Reinheit.

Da gab es getrocknete Pflanzen und ausgestopfte Tiere, in Gläsern mit Alkohol ringelten sich giftige Schlangen und Echsen. Wieder einmal hatte er sich drangemacht, den Stein der Weisen zu finden. In einem Tiegel kochte eine seltsame Brühe tagelang, nächtelang. Aber dann war es klar, das Werk war wieder einmal nicht gelungen. Ohne Schlaf und Unterbrechung hatte er gearbeitet, hatte nichts gegessen und getrunken. Kostbare Stoffe hatte er verwendet, Gold wohl auch und Quecksilber, geheimnisvolle Sprüche hatte er aus uralten Handschriften rezitiert, und wieder war alles umsonst gewesen.

Das Feuer unter dem Tiegel war erloschen, und er war in seinem Garten, um sich zu erholen und frische Luft zu atmen. Da dämmerte ihm die Erkenntnis, daß der Stein der Weisen vielleicht gar kein Ding von dieser Welt ist, daß er nichts ist als ein Symbol und daß das Große Werk vielleicht eine geistige Arbeit ist, eine Arbeit, die man an sich selbst verrichten muß, durch das Klären der Gedanken und Ideen, durch das Reinigen der Wünsche und Begierden, durch das Absehen von sich selbst, das reine zweckfreie Wollen.

Müde und resigniert ging er in sein Laboratorium zurück und holte den Tiegel, den Tiegel mit dem kostbaren Produkt.

Zurück im Garten, goß er mit einem gewaltigen Schwung den Tiegel aus.

Tagelang, wochenlang ging er nicht mehr in sein Laboratorium. Die neue Erkenntnis beschäftigte ihn, die Erkenntnis, daß alle Rezepte und Manipulationen seiner alchemistischen Bücher ganz anders gemeint waren, nämlich übertragen und beispielhaft für den Umgang mit sich selbst. Auch seinen Garten hatte er seit jener Nacht nicht mehr betreten.

Wieder einmal war er an jenen Punkt gekommen mit seinem Grübeln und Nachdenken, wo es darum geht, Konsequenzen zu ziehen, Konsequenzen für sein Leben. Da ging er in den Garten, an die Stelle, wo er den Tiegel ausgegossen hatte. Der Tiegel lag noch da, aber dort, wo das Ergebnis seiner Alchemie in die Erde gesickert war, dort waren Pflanzen gewachsen, die er so noch nie gesehen hatte. Zarte grüne Stengel trugen zartes grünes Gefieder. Beim Drüberstreichen mit der Hand war es wie das blonde Haar eines jungen Mädchens. Dann zog er die ganze Pflanze heraus. Wie Gold sah die Wurzel, die Rübe, aus. Es war eine gelbe Rübe. Er versuchte sie. Sie schmeckte süß und angenehm.

Er hat noch viele Jahre gelebt, sehr viele. Er war gesund, hatte eine glatte, braune Haut und strahlte Jugend aus. Noch nicht einmal eine Brille hat er gebraucht. Die Leute munkelten: Er hat den Stein der Weisen gefunden.

Eines Tages ist er fortgegangen. Er nahm nichts mit als einen Stock. Er ging in die Berge, zum Sterben, wie es damals noch üblich war. Aber das wußten die Leute nicht. Sie drangen in sein Haus ein, um den Stein der Weisen, die Quelle seiner Jugend zu finden. Was sie fanden, war ein bescheiden eingerichtetes Haus, eine Statue des Buddha, einen Meditationsschemel davor und einen Garten, der voll war mit gelben Rüben. Das Laboratorium aber, das die Leute so interessierte, war verstaubt und verlassen. Spinnweben hingen um die alten Bücher, die Tiegel und Pfannen.

Warum ich gerade diese Geschichte erzähle, das hat nur entfernt mit der goldenen Farbe der gelben Rübe zu tun. Sie hat sehr viel mehr damit zu tun, daß die gelbe Rübe tatsächlich Jugend und Gesundheit zu geben vermag.

Verleiht die gelbe Rübe nicht eine schöne und braune Haut, Ausdruck der Jugendlichkeit? Verjüngt sie nicht die Sehkraft? Und enthält sie nicht einen Stoff namens Beta-Carotin, der das Altern des Menschen verlangsamt? Genauso, wie es das Vitamin C und bestimmte Stoffe im Rotwein tun, aber das ist dann ein anderes Thema. Bleiben wir bei der gelben Rübe, die Lateinisch daucus carota ssp. sativus heißt, im Deutschen auch Möhre, Speisemöhre, Gartenmöhre, gelbe Wurzel, Woddeln, Rübe, Rübli, Karotte und Feldrübli. Und wenn wir schon dran sind, die Engländer sagen carrot und die Franzosen carotte.

Ich esse gelbe Rüben wahnsinnig gern: In der Liste meiner Lieblingsgemüse kommen sie an vierter oder fünfter Stelle. Sie meinen, dann könne es ja nicht soweit her sein mit dem «wahnsinnig-gern-Essen». Von wegen. Also erstens kommt der Spargel und zweitens der Spinat und drittens die Bohnen und viertens: Voilà, schon die gelbe Rübe und dann Lauch und Erbsen und Rotkraut und Kohlrabi und Blumenkohl und Paprika und Schwarzwurzeln und Weißkraut und Fenchel und jetzt hab ich die Tomaten vergessen, die ganz weit vorn rangieren. Sei's drum. Ich esse also wahnsinnig gerne gelbe Rüben, ... wenn sie ganz frisch sind, und wo bekomme ich frische gelbe Rüben? Jawohl, auf dem Markt, aber den zu besuchen habe ich höchstens am Samstag Zeit. Also keine frischen gelben Rüben. Und wenn nicht frisch, dann überhaupt keine. Auch nicht aus der Dose, dieses schwammige Zeug. Bleibt mir nur eines: Selber anbauen. Und oh je, das ist ein wahrhaft trauriges Kapitel.

Wahrscheinlich ist der Boden meines Hausgartens zu schlecht, denn die gelbe Rübe möchte gern einen «tiefgründigen lehmigen Sandboden». Meistens geht es am Anfang ganz gut. Ich bereite ein Beet mit ganz lockerem Boden, ich säe aus, damit kann man schon im März anfangen, aber bis zum Juni hat man durchaus Zeit. Ich drücke mit dem Rechenstiel lange Rillen in das Beet und säe in diese dann den Samen. Drei Zentimeter sollten die Körnchen schon in den Boden. Darum siebe ich von meinem wunderbaren Recycling-Kompost darüber. Das Ganze noch mit der Gießkanne gut wässern. Und jetzt kann die Wachserei losgehen, eigentlich.

Eines Tages kommen kleine grüne Blättchen, und jetzt heißt es aufpassen. Wenn die Pflänzchen drei oder vier Blättchen haben, müssen sie vereinzelt werden. Je nach erwarteter Größe sollten die einzelnen Junggelberübchen schon zwischen 2 und 5 cm Platz um sich herum haben, damit auch eine rechte Rübe entstehen kann. Und da liegt meistens mein Fehler. Ich bringe es nicht übers Herz, die Pflänzchen, die da endlich gewachsen sind, grob herauszureißen. Und der Erfolg? Kein Erfolg! Denn das was dann schließlich gewachsen ist, hat sich gegenseitig die Luft zum Leben geraubt. Dann gibt es da noch einen Schädling, der den gelben Rüben ans Leder, sprich an die Rübe will. Das ist die Möhrenfliege. Der kann man wehren, indem man besonders früh, im März oder April oder besonders spät, bis Mitte Juni aussät.

Durchschnittlich 10 bis 18 Wochen dauert es, bis man die Rüben oder Rübchen ernten kann.

Man sieht die Erntereife daran, daß die Blätter braun oder gelb werden. Wenn ich gelbe Rüben habe, ernte ich allerdings fortwährend, damit das, was ich ernte, auch immer frisch ist. Spätestens zum ersten Frost müssen die gelben Rüben aus der Erde sein, denn sie halten den Frost nicht aus. Dafür halten sie sich im Keller. Man kann sie in feuchtem Sand im kühlen Keller praktisch bis zur neuen Ernte früher Sorten im folgenden Jahr lagern. Kurzfristig im Kühlschrank wollen sie ca. 1 Grad Lagertemperatur haben.

Sie wächst noch heute wild, die gelbe Rübe, auf mageren Wiesen und auf Brachland an Wegrändern und auf Schutthalden, und es ist nicht immer klar zu unterscheiden, ob es sich im Einzelfall um eine echte wilde gelbe Rübe handelt oder um einen Flüchtling vom Feld oder aus dem Garten. Weit verbreitet ist jedenfalls die wilde Pflanze nicht nur in Südeuropa, sondern auch in Asien, so daß die Familie Feuerstein, also unsere Jäger- und Sammlervorfahren, etwas zum Sammeln hatten. Und da sie das mit Sicherheit taten, dürfte die gelbe Rübe wohl eine der ältesten Gemüsesorten sein.

Wissenschaftler der Universität Hohenheim wollten es wissen. Sie haben wilde gelbe Rüben ausgegraben. Sie waren zwischen 6 und 8 Zentimeter lang und zwischen 4 und 6 Millimeter dick. Das Ausgraben dieser Bleistifte war sehr mühsam (kann ich mir vorstellen!). Nach 20 Minuten Kochen waren die wilden gelben Rüben weich und waren «angenehm in Geruch und Geschmack».

Frau Udelgard Körber-Grohne, die dies in ihrem Buch «Nutzpflanzen in Deutschland» berichtet, meint allerdings, bei der Kleinheit der Rübchen und der Mühe des Ausgrabens hätten unsere Steinvorfahren wahrscheinlich auf den Genuß verzichtet. (Oder, so meine ich, sie waren halt was ganz besonderes, für den Steinzeitsonntag sozusagen. Zeit zum Sammeln hatten die ja wohl auch!)

Früh hat man sie sicher gezüchtet, und bei den griechischen und römischen Schriftstellern wird sie sowohl als Arzneipflanze als auch als Gemüse beschrieben. Nur leider sind die Bezeichnungen etwas unklar. Da schreiben die Griechen von staphilinos und von astaphilinos und dann ist von carota und pastinaca die Rede. Jedenfalls Apicius, der Kochbuchautor aus römischer Zeit, kocht mit carota.

Vielleicht war staphilinos die wilde gelbe Rübe, von der Dioscorides, der große Pflanzenarzneikenner, sagt, sie sei wirksamer als die Gemüseform, die carota.

Und bei ihrem riesigen Verbreitungsgebiet als Wildpflanze ist es kein Wunder, daß die gelben Rüben eine der wichtigsten Gemüsearten überhaupt auf der Welt sind. Auf 468 000 ha werden jährlich rund 5,4 Millionen Tonnen gelbe Rüben produziert. In Europa, hauptsächlich in Italien und den Niederlanden, Frankreich, Belgien, Großbritannien, Polen, Spanien und in Deutschland. Dabei ist der Anbau in Deutschland verhältnismäßig gering. Er macht nur 5 000 ha aus, das sind 10 % der gesamten Gemüseanbaufläche in der Republik.

Die moderne gezüchtete gelbe Rübe ist eine zweijährige Pflanze, die 30 bis 80 cm Höhe erreicht. Sie entwickelt im ersten Jahr eine dicke Rübe, in der sie Nährstoffe für das zweite Jahr speichert, in welchem sie dann blüht. Die Blütendolden bestehen aus kleinen, weißen, gelblichen, manchmal rötlichen Einzelblüten.

Die eigentliche Rübe kann unterschiedlichste Formen haben, kann kurz und rund sein, ebenso wie lang und kegelförmig.

Die kurzen, runden gelben Rüben heißen Karotten. Botanisch besteht also kein Unterschied, wohl aber auf dem Markt und bei der Verarbeitung zu Konserven.

Schneidet man eine gelbe Rübe der Länge nach durch, dann sieht man, daß sie aus zwei Teilen besteht. Einem inneren Mark oder Herz, den man auch Holzkörper nennen kann, vor allem weil er weniger Carotin enthält, weniger Zucker und damit weniger Geschmack und Nährwert besitzt. Außen ist die sogenannte Rinde, die den höchsten Gehalt an Inhaltsstoffen hat.

Zwischen dem Holzkörper und der äußeren Rinde sieht man eine helle Linie, das Kambium. In dieser vitalen Schicht werden Zellen gebildet, die nach innen den Holzkörper in seiner Dicke und nach

außen die Rinde wachsen lassen. Es ist dieselbe Schicht, die z. B. bei einem Baum zwischen dem Holz des Stammes und der Rinde liegt. Auch dort baut das Kambium nach innen Holz auf, und nach außen vermehrt es die Rinde.

Der Wert der gelben Rüben wird nach dem Verhältnis von Holzkörper zu Rinde beurteilt. Je dicker die Rinde im Verhältnis zum Holzkörper ist, desto höher ist der Marktwert der gelben Rübe. Wunschziel der Anbauer von gelben Rüben ist eine gelbe Rübe mit dicker Rinde und dünnem, zartem Holzteil, der möglichst einen gleichhohen Gehalt an wertvollen Inhaltsstoffen hat.

Gelbe Rüben enthalten Kohlenhydrate, Eiweiß, Lecithin, Glutamin, wenig Fett, Kalium, Kalzium, Eisen, die Vitamine B 1, B 2, C und E, aber vor allem das Beta-Carotin, von dem man inzwischen weiß, daß es in der Lage ist, die sogenannten Freien Radikalen, Stoffe, die im Körper Oxydationsprozesse, d. h. Alterungsprozesse auslösen, zu unterdrücken.

Daneben enthält die gelbe Rübe Alpha-Carotin, das auch Provitamin A heißt. Es ist eine Vorstufe des Vitamins A, das der Körper in Verbindung mit Fett aus dem Provitamin bildet. Es ist zum Sehen notwendig.

Die gelbe Rübe ist mit 6000 Einheiten Provitamin A pro 100 Gramm das Gemüse mit dem höchsten Carotingehalt und wird als Lebensmittel nur von der Rinderleber mit 50 000 Einheiten und dem Lebertran mit 80 000 Einheiten übertroffen.

Der hohe Carotingehalt hat übrigens etwas mit der roten Farbe der gelben Rübe zu tun: je intensiver diese Farbe, desto höher der Gehalt.

Gelbe Rüben schmecken süß. Das ist kein Wunder, denn sie enthalten mit 6 % ungewöhnlich viel Zucker für ein Gemüse. Die frühen Sorten enthalten mehr Zucker als die späten, die dafür reicher an Ballaststoffen sind.

Werfen wir noch einen letzten Blick auf den gesundheitlichen Wert der gelben Rübe. Die Wirkung des Beta-Carotin haben wir schon erwähnt. Das Alpha-Carotin stärkt die Sehkraft, reinigt das Blut und bräunt die Haut.

Gelbe Rüben wirken, wenn man sie roh ißt und auf nüchternen Magen harntreibend, blutbildend und antibakteriell. Sie wirken bei Kindern und Kleinkindern als bewährtes Mittel gegen Spul- und Madenwürmer. Als Diät wirken sie kräftigend und sind leicht verdaulich.

Die Zahl der Sorten ist sehr groß. Gelbe Rüben sind das ganze Jahr über auf dem Markt, wobei mehr als die Hälfte des deutschen Konsums aus eigenem Anbau stammt.

Treibhaus und Frühgelberüben, hauptsächlich Karotten, die unter Glas oder Folie, die Ende Februar oder Anfang März ausgesät wurden, werden bereits im Juni geerntet. Sie werden als Bundmöhren mit Kraut verkauft.

Bei 1 Grad Celsius aufbewahrt, halten sie maximal 10 Tage. Will man sie länger aufbewahren, so ist es ratsam, das Grün bis auf ein paar kurze Stengelchen abzuschneiden, weil es der gelben Rübe Feuchtigkeit entzieht und sie schnell welken läßt. Die in den Sommer- und Herbstmonaten geernteten gelben Rüben kommen ohne Kraut, gewaschen als «Waschmöhren» auf den Markt. Sie werden maschinell geerntet, maschinell entlaubt. Dann laufen sie auf Transportbändern durch eine Waschanlage und eine Sortiermaschine, bis sie schließlich ebenso maschinell in Kisten, Beutel u. ä. abgefüllt werden.

Diese «Waschmöhren» machen den Großteil des Marktangebots aus. Ihre Haltbarkeit ist begrenzt, höchstens 4 Wochen.

Der Großteil der angebotenen gelben Rüben sind Spätsorten, das ist kein Wunder, stellt doch die gelbe Rübe gerade im Winter ein preiswertes Gemüseangebot dar.

Die ungewaschenen, in der Handelssprache als «Sandmöhren» bezeichneten gelben Rüben werden wie Kartoffeln im Freien in Mieten gelagert oder im feuchten Sand im Keller und Kühlräumen. Dies muß frostfrei geschehen, optimal bei 0 bis 2 Grad Celsius mit einer relativ hohen Luftfeuchtigkeit und in frischer Luft. Gelbe Rüben vertragen keine Kälte, sie bekommen sonst leicht einen seifigen Geschmack.

Gelagerte gelbe Rüben werden bis zum Mai des darauffolgenden Jahres verkauft.

Gelbe Rüben kann man roh essen aus der Hand. Man kann sie raspeln, mit Zitronensaft und Zucker anmachen, als Salat, gemischt mit Orangen, Äpfeln, Nüssen, Rosinen, Sauerkraut. Zum Rohessen eignen sich vor allem Karotten bzw. die frühen «Bundmöhren». Junge, zarte gelbe Rüben und Karotten braucht man nicht zu schälen, sie werden einfach in klarem Wasser gewaschen und abgebürstet.

Das frische Kraut kann ohne Problem mitverwendet werden. Es wird fein gehackt und unter die gelben Rüben gemischt. Vielfältig sind die Zubereitungsmöglichkeiten für gelbe Rüben.

Es wird empfohlen, gelbe Rüben stets mit einem guten Öl oder Butter zuzubereiten, damit der hohe Carotingehalt vom Körper besser aufgenommen werden kann.

Gelbe Rüben eignen sich auch gut zum Tiefgefrieren, sie werden geputzt, drei Minuten blanchiert, gewürfelt oder gescheibelt eingefroren. Die Haltbarkeit beträgt 6 bis 10 Monate.

Topinambur und Pastinake

Pastinaken. Zum erstenmal bin ich diesem Namen in einem der Bücher von Kathrin begegnet.

Sie schildert darin, daß sie in ihrem Garten endlich einmal etwas anpflanzen will, was so aufregende Namen hat wie Topinambur und Pastinake. Also Topinambur, das kenn ich gut. Topinambur, der auch Erdbirne und Erdapfel, Jerusalemartischocke und Zuckerkartoffel heißt, Wildkartoffel und Erdsonnenblume, der wächst bei uns in der Rheinebene, sozusagen direkt vor meiner Tür. So an die zwei Meter hoch sind die Pflanzen, die eine Blume tragen, die ausschaut wie eine kleine Sonnenblume. Und da die Stengel dicht aneinander stehen, macht so ein Topinamburfeld einen merkwürdigen kubischen Eindruck, als stünde da eine grüne Kiste auf dem Feld, mit gelbem Deckel. In der Erde wächst eine Knolle, und aus dieser Knolle bereiten die Bauern z.B. in Sandweier einen hierzulande als Medizin hochgeschätzten Schnaps, «Erdäpfler», «Rossler» oder «Borbel». Er hat einen merkwürdig erdigen Geschmack wie Enzianschnaps, was kein Wunder ist, denn beide werden aus einer Wurzel gebrannt und bei beidem hat man das Vergnügen, mit vielen Rülpserle noch stundenlang an den gehabten Genuß erinnert zu werden.

Die Bauern schwören auf seinen gesundheitlichen Wert. (Ich auch!) Er behebt mancherlei Beschwerden des Magens, der Leber und der Galle, d.h. er ist die Rettung, wenn man «zu gut gelebt hat».

Rüebli (Karotten)

Rüebli (Karotten) kochen

Bei keiner anderen Gemüsesorte können die Kochzeiten so stark variieren wie bei den Rüebli. Gartenfrische, im Juni geerntete Rüebli sind in 15 Min. gar. Lagersorten, die man vielleicht erst im Frühjahr kocht, brauchen mehr als eine Stunde Kochzeit. Deshalb wichtig: Garprobe.

Zimmes

(Zimmes ist ein jüdisches Gericht – für mich das allerfeinste, was man aus Rüebli kochen kann.)

1. 2 EL *Butter*
   1 kg Rüebli, geschält, in 1 cm dicke Rädchen geschnitten
   Salz
   2 TL brauner Zucker
   1 EL Bienenhonig
2. *2 – 3 EL Rosinen*
   1 – 1½ l Wasser (je nach Garzeit der Rüebli)

Die Butter schmelzen, die restlichen Zutaten von 1., jedoch vorläufig nur 1 l Wasser beigeben. Auf kleinem Feuer 20 Min. dünsten. Garprobe machen. Sind die Rüebli noch nicht gar, etwas Wasser zugeben, weiterkochen, bis sie zerfallen. Gelegentlich aufschütteln, aber möglichst nicht rühren.
Rindfleisch und Salzkartoffeln gehören dazu.

Rüebli-Kartoffelgratin

1.   1 l Wasser
      1 TL Salz
      600 g Rüebli, geschält, in Rädchen
2.   1 l Wasser
      1 TL Salz
      600 g Kartoffeln, geschält, geviertelt,
             in Scheiben geschnitten
3. 200 ml Rahm
   100 ml Milch
           Salz, Pfeffer, Muskat

Wasser und Salz von 1. und 2. gesondert aufkochen, die Gemüse beigeben, die Rüebli ca. 20 bis
25 Min. kochen, Kartoffeln 12 Min., abseihen.
Schuppenartig abwechslungsweise eine Reihe
Rüebli, eine Reihe Kartoffeln in eine gut bebutterte Auflaufform schichten. Die Zutaten von
3. miteinander vermengen, darübergießen, im
auf 180° C vorgeheizten Ofen 20 Min. gratinieren. Zu Rindfleisch.

Rüeblisuppe (Potage Crécy)

1. 1 EL Butter
    250 g Rüebli, geschält, in Rädchen
    1½ l Wasser oder Gemüsebrühe
2. 3 EL Mehl
    200 ml Milch
            Salz, Pfeffer, Muskat
3. 5 EL Rahm
4. 3 EL Schnittlauch oder Petersilie, fein
          gehackt

Die Butter von 1. schmelzen, die Rüebli darin andämpfen, mit dem Wasser ablöschen, ½ Std.,
evtl. länger köcheln. Die Rüebli müssen ganz
weich sein. Mit dem Stabmixer pürieren oder
durch ein Sieb streichen. Das Mehl mit der Milch
und den Gewürzen verrühren, beigeben, weitere
10 Min. köcheln, den Rahm beigeben, kurz aufkochen. Mit den Kräutern bestreut servieren.

Im Krieg wurden die Topinamburknollen auch als Gemüse gegessen. Sie werden in ein wenig Wasser oder Fett im eigenen Saft gedünstet, gebraten oder gebacken. Es entsteht ein feines, nußartig schmeckendes Gemüse, das man mit brauner Butter oder mit in Butter gebräunten Semmelbröseln übergießen kann. Man kann die Knolle auch in Scheiben schneiden, panieren und in Fett ausbacken. Eine helle Soße mit Käse oder Kräutern dazu: ein rarer Genuß.

Neben viel Kohlehydraten enthält die Knolle Kalium, Kalzium, Phosphor, Eisen, Natrium und Silicium, Provitamin A, Vitamin B 1, B 2, B 6, D und C, aber das Wichtigste, die Knolle enthält bis 16 % Inulin. Inulin darf man nicht mit Insulin verwechseln, dem Hormon der Bauchspeicheldrüse, dessen Fehlen die Zuckerkrankheit auslöst. Gleichwohl hat Inulin und damit Topinambur etwas mit Diabetes und Diabetikern zu tun, denn Inulin verwandelt sich unter Einwirkung von Säuren und Fermenten zu Fruchtzucker, eine für Diabetiker verträgliche Zuckerform. Dadurch ist die Topinamburknolle ein wertvolles Nahrungsmittel für Diabetiker (Diabetikerkartoffel).

Leider spielt der Topinambur auf dem Markt nur eine ganz geringe Rolle, und man hat seine Schwierigkeit, Topinambur zu bekommen.

Aber zurück zu der Pastinake, die in England Parsnip, in Frankreich Patenais heißt. Ich hatte den Namen noch nie gehört, und er klang mir so faszinierend nach dem russischen Dichter Boris Pasternak, daß ich die Pastinake umgehend mit allem Flair seines großen Romanes Doktor Schiwago verklärte. Und natürlich habe ich nicht geruht, bis es mir gelungen war, Pastinaken aufzutreiben, dieselben zu kochen und zu verspeisen. Inzwischen habe ich gelernt, die Pastinaken mit anderen Gemüsen zu mischen, da sie allein genossen, zu stark nach einer gewissen Suppenwürze schmecken. In einer Gemüsesuppe schmecken sie gut, in einem Pot-au-feu sind sie fast nicht zu entbehren.

Die Pastinake, die auch Pastinak heißt, Gartenpastinak, Pasterna, Balsternak, Moorwurzel, Hammelsmöhre ist heute fast ganz aus dem Gemüseangebot verschwunden. Dabei war sie bis zum 18. Jahrhundert in ganz Mitteleuropa ein wichtiger Bestandteil der Grundnahrung. Verdrängt wurde sie aus dem Garten und aus der Küche von der gelben Rübe und von der Kartoffel. Daß sie einmal bei uns eine große Verbreitung gehabt haben muß, davon zeugen die wilden Pastinaken, die an Feldrainen und Wegrändern wachsen. Die wilde Pastinake ist in ganz Europa und Asien daheim und war daher wahrscheinlich eine der ältesten Pflanzen, die die Familie Feuerstein gesammelt hat. Heute wird sie vor allem in England, in den skandinavischen Ländern, in Frankreich, in den Niederlanden und in den USA angepflanzt, wo sie das klassische Weihnachtsgemüse ist.

In England wird Mehl aus Pastinaken gewonnen, aus dem man pikante Kuchen backen kann.

Wie die gelbe Rübe und die Petersilie entwickelt die Pastinake im ersten Jahr eine Rübe, in der sie Nährstoffe speichert und aus der dann im zweiten Jahr eine doldenförmige sattgelbe Blüte treibt.

Auch in ihrem Äußeren ähnelt sie der gelben Rübe und der Petersilie, allerdings werden die Rüben bedeutend größer. Sie können bis zu 40 cm lang werden und bis zu 1 ½ kg wiegen. Im übrigen sieht die Pastinake wie eine übergroße Petersilienwurzel aus. Sie hat einen dicken Kopf und läuft nach unten spitz zu. Sie kann aber auch ausschauen wie eine Walze oder wie eine Kugel. Der Nährwert der Pastinake ist höher als der der gelben Rübe. Ihre wesentlichen Inhaltsstoffe sind Kohlenhydrate, Eiweiß, Fett, Kalzium, Kalium, Phosphor, Eisen, Provitamin A, die Vitamine B 1, B 2, B 6 und Vitamin C.

Ihr Geruch und Geschmack liegt zwischen Petersilie und gelber Rübe. Kenner behaupten, daß Pastinaken mehrere Wochen lagern und die ersten Nachtfröste überstanden haben müßten, damit sie am besten schmecken.

Die Blätter der Pastinaken kann man als Küchenkraut verwenden.

Die Saison für Pastinaken läuft von November bis Mai. Die Ernte ist erst spät im Jahr, ab Oktober.

Die Pastinaken sind frosthart und können über Winter im Boden bleiben, in Mieten auf dem Feld oder im Keller, wie gelbe Rüben eingeschlagen oder im Kühlschrank bei 0 bis 1 Grad halten sich ungewaschene Pastinaken mehrere Monate.

Eine Wiederentdeckung der Pastinake bei uns verdanken wir der Vollwertküche. Pastinaken kann man roh als Salat essen, man kann sie aber auch wie gelbe Rüben zubereiten. Dazu werden sie gut gewaschen oder gebürstet, soweit notwendig geschält, gewürfelt oder gescheibelt, gekocht, geschmort, in wenig Wasser gedünstet oder im Schnellkochtopf gedämpft.

Speiserüben

Im Gemüsehandel werden unter der Bezeichnung Speiserüben mehrere Gemüsearten zusammengefaßt:

1. Die Mairübe, auch Navette (lateinisch Brassica rapa var. rapifera, sub. var. Majalis)
2. Die Herbstrübe, auch Weiße Rübe, Wasserrübe, Stoppelrübe, Saatrübe, in England turnip, lat. brassica rapa var. rapa, sub. var. esculenta.
3. Teltower Rübchen, auch Märkische Rüben, Kleine Speiserübe, lat. Brassica rapa var. rapivera, sub. var. Pygmaea.
4. Stielmus, auch Rübstielchen, Stengelmus, Streifmus, lat. Brassica rapa, var. rapivera, sub. var. Pabularea.

Die Mutter der Speiserüben ist ein Unkraut mit dem lateinischen Namen Brassica campestris, das weltweit verbreitet ist. Kein Wunder also, daß die Speiserübe eine uralte Kulturpflanze ist, die schon die Griechen und die Römer angebaut und verspeist haben. Bevor die Kartoffel zum Grundnahrungsmittel Nummer eins wurde, war die Speiserübe, zusammen mit der Kohlrübe, eine Grundlage der europäischen Ernährung, wobei sich allerdings Mensch und Tier in die jeweilige Ernte teilten.

In Deutschland hat der Anbau der Speiserüben nur lokale Bedeutung wie z. B. das Stielmus, das ausschließlich im Rheinland und in Nordrhein-Westfalen angebaut und gegessen wird. Nachdem auch das Stielmus lange Zeit ein Gemüse am Rand war, erlebt es jetzt als rheinische Spezialität im Rahmen der Rückbesinnung auf eine traditionelle Küche eine deutliche Renaissance.

Gemischte Gemüse

Minestrone

60 g getrocknete Bohnenkerne (am besten
    Borlotti) über Nacht eingeweicht
3 EL *Öl*
50 g *Speckwürfel*
1½ l *Wasser*
    Salz, Pfeffer, Muskat
total *Gemüse, je nach Saison:*
1 kg *Tomaten (müssen dazu)*
    Karotten
    grüne Bohnen
    Blumenkohl
    Broccoli
    Lauch
    Sellerieknollen
    Bleichsellerie
    Kohlrabi
    Zwiebeln
    Knoblauch
    Wirsing oder Weißkohl (wenig)
Je nach Art geschält, in Scheiben, Rädchen,
Streifen, Würfel geschnitten
30 g *Reis*
100 g *Parmesankäse, gerieben*

Bohnenkerne abseihen. Das Öl heiß werden lassen, die Speckwürfel darin rösten, alle Gemüse beigeben, durchdämpfen, mit Wasser ablöschen, würzen. 1½ Std. köcheln lassen. Evtl. noch etwas Wasser beigeben. Den Reis beigeben, nochmals ½ Std. köcheln. Die Suppe muß recht dick sein. Den geriebenen Käse über die angerichtete Minestrone streuen. Mit frischem Bauernbrot servieren.

Provençalische Ratatouille

6 EL *Olivenöl*
3 *Zwiebeln, geschält, grob gehackt*
2 *Knoblauchzehen, gepreßt*
2–3 *Auberginen, geschält, in Stücke*
    geschnitten
2–4 *Peperoni (Paprika) – möglichst ver-*
    schiedenfarbig – ohne Kerngehäuse,
    in Streifen geschnitten
6–8 *Tomaten, in Schnitze geschnitten*
1 *Zucchino, in Stücke geschnitten oder*
    eine entsprechende Menge Kürbis-
    schnitzel
1 *Lorbeerblatt*
je 2 *Zweige Oregano und Thymian*
    Salz, Pfeffer

Das Öl erhitzen, Zwiebel und Knoblauch darin hellgelb dünsten, die Gemüse beigeben. Zugedeckt dünsten, dabei immer wieder aufschütteln, bis die Gemüse zusammengefallen sind und sich Wasser gebildet hat. Je nach Flüssigkeitsmenge eventuell noch etwas Wasser beigeben. Eine Stunde dämpfen.
Polenta schmeckt gut dazu, ebenso Trockenreis oder Teigwaren oder einfach ein Stück gutes Bauernbrot.

Stichwortverzeichnis zu den Rezepten

Literaturverzeichnis

BLV-Bestimmungsbuch: Heilpflanzen, BLV-Verlagsgesellschaft, München 1981
Der Ernährungskreis, Informationsblätter des Ministeriums für ländlichen Raum Ernährung, Landwirtschaft und Forsten, Baden-Württemberg 1993
Jenny Lina Ebert: **Schweizer Köchin,** Verlag von Goepper & Lehmann 1895
Handbuch des deutschen Aberglaubens Berlin, New York 1987

Udelgard Körber-Grohne: **Nutzpflanzen in Deutschland,** Konrad Theiss Verlag Stuttgart 1987
Günther Liebster: **Warenkunde Obst und Gemüse, Bd. II,** Marion-Verlagsproduktion, Düsseldorf 1990
Julian Marcuse/Bernardine Woerner: **Die fleischlose Küche, 3. Auflage,** Verlag von Ernst Reinhard, München 1916
Susanne Müller: **Das fleissige Hausmütterchen,** Verlagsbuchhandlung Albert Zeller, Zürich 1901

Gunter Steinbach: **Das Mosaiklexikon der Nutzpflanzen,** Mosaik-Verlag, München 1986
S by Joh. Friedrich Steinkopf: **Neues Kochbuch oder geprüfte Anweisung zur schmackhaften Zubereitung der Speisen** Stuttgart 1833
Teubner: **Das große Buch der Gemüse aus aller Welt,** Teubner-Edition, Füssen 1992
Nicolai Worm: **Ratgeber Ernährung,** TR-Verlagsunion München 1989